菓子工房ルスルスが教える

くわしくて ていねいな お菓子の本

新田あゆ子

はじめに

菓子工房ルスルスがお菓子教室をはじめて、
今年で 12 年目になります。

生徒さんたちが楽しそうにレッスンを受けているのをみて、
「なんてすばらしい仕事だろう」と
私自身がいつも元気をもらっています。

そして、生徒さんもまた、お菓子をつくることで誰かに喜ばれ、
元気になっているのかなと想像します。

このうれしいつながりがたくさん生まれるといいなと思って、
教室では、できるだけていねいに
くわしく伝えることを大切にしています。

この本を手にとってくださった方がつくるお菓子が、
いままでよりもっと上手に、おいしくなりますように。
そのお役に立てたら幸いです。

菓子工房ルスルス

新田あゆ子

お菓子づくりの
4つのポイント

これら4つのポイントを頭に入れてつくれば大丈夫。
きっといつもよりずっとおいしい
お菓子をつくることができるはずです。

できあがりをイメージする

お菓子をつくるとき、まず大切なのは、「ふんわり」「しっとり」「サクサク」など、どんな食感や味わいにしたいか、そして、どんな形にしたいかのイメージを持つことです。できあがりをイメージすることで、なんとなくつくるより、ずっとおいしく、美しいものができあがるはずです。

なんのための作業か意識する

できあがりをイメージしたら、次に大切なのは、何に気をつければ、そのイメージに近いものをつくりだせるかと考えながら作業することです。
たとえば、混ぜるという作業なら「ふんわり仕上げたいから、泡をつぶさないように」「サクッとさせたいから練らないように」「油脂分と水分をきちんと乳化させたいからしっかりと」など、ひとつひとつの工程をなんのために行なうかを意識して、つくってみてください。

材料の性質を知る

作業の目的を意識するとともに大切なのは、材料の性質を知ること。たとえば、バターは一度溶けてしまうと性質が変化し、冷やしてももとには戻りません。卵は温めると表面張力が失われて泡立ちやすくなります。小麦粉は水分を加えてこねると、タンパク質の構造が変わって粘りが強くなっていきます。このような材料の性質を知ることで、イメージするできあがりを実現するには、どう作業した方がよいかがわかるようになります。

状態の変化をよく見る

作業の目的を意識し、材料の性質を知ることに加えてとても大切なことは、状態の変化をよく見ることです。「とろみがでてきた」「膨らんできた」「ツヤがでてきている」といった状態の変化をきちんとキャッチし、しっかり見きわめて次の工程に移りましょう。

目次

1 プリン
Crème caramel —————— 018

020 プリン
021 クレーム・ブリュレ

2 クッキー
Sablé —————— 026

028 アルル
029 ラング・ド・シャ
030 スノーボール
031 ウズマキクッキー
　　マーブルクッキー
040 ちどり

3 パウンドケーキ
Cake —————— 042

044 ゴマと黒糖のパウンドケーキ
045 ラムレーズンのパウンドケーキ

4 タルト
Tarte —————— 050

052 タルト・フリュイ
053 ぶどうのタルト
　　ブラウン
054 柑橘ジャムのスパイスタルト
　　ナッツのタルト
055 アメリカンチェリーのクラフティ

5 スポンジ
Génoise et Biscuit —————— 076

078 純生ロールケーキ
079 フルーツのロールケーキ
090 ショートケーキ

6 シュークリーム
Chou —————— 098

100 シュークリーム
101 パリ・ブレスト

7 チーズケーキ
Gâteau fromage —————— 114

116　ベイクドチーズケーキ

117　スフレチーズケーキ

118　フロマージュ・クリュ

119　レアチーズケーキ

8 メレンゲ
Meringue —————— 132

136　焼きショコラ

137　ダックワーズ

138　クレーム・ダンジュ

139　フルーツピュレのムース

140　ムラング・シャンティイ

9 パイ
Feuilletage —————— 156

158　ミルフィーユ

159　ピティヴィエ

160　パイ生地の作り方

174　キャラメルパイクッキー

道具の使い方と作業のコツ

010　ゴムベラ

012　絞り袋

014　ハンドミキサー

015　カード

Column 1
097　パレットナイフ 使い方のコツ

Column 2
127　重さのちがうものを混ぜるときは、
　　　混ぜ戻す

Column 3
173　ビニールシートのつくり方

Column 4
173　湯煎のコツ

002　はじめに

004　お菓子づくりの 4 つのポイント

016　この本を使う前に

176　材料を知る

179　道具について

製作協力　新田まゆ子
撮影　日置武晴
デザイン　福間優子
編集　井上美希

参考文献
『新版 お菓子「こつ」の科学』
河田昌子著（柴田書店）
『使える製菓のフランス語辞典』
辻製菓専門学校監修、小阪ひろみ、
山崎正也共著（柴田書店）

道具使いと作業のコツ

道具の使い方にはいくつかのコツがあります。
コツをしっかりとおさえて作業することで、よりおいしく、より美しい
お菓子をつくることができます。ここではお菓子づくりに
よく使われるベーシックな道具の使い方のコツをご紹介します。

ゴムベラ

お菓子づくりにもっともよく使うといってもよいゴムベラ。
何をどのように混ぜたいかによって混ぜ方を変えます。

[ゴムベラの使い方]
ゴムベラは場所によって使いみちがちがいます。なんのためにどこを使って作業するのかを考えながら使いましょう。

[ゴムベラで混ぜるコツ]
ゴムベラは混ぜる作業に欠かせない道具です。混ぜ方にはいくつかのパターンがあります。いずれも同じ混ぜ方を淡々と繰り返すことが重要です。

● 乳化させる（a）

しっかりと乳化させるには、ゴムベラは垂直に構え、親指を上にしてにぎります。ゴムベラの先をボウルの底にぐっと押しつけてぐるぐると円を描くようにして混ぜましょう（写真上）。たまにボウルの隅をゴムベラのカーブしている側でかき、面に生地をのせて返し、生地をひとまとめにしては、またぐるぐると混ぜます。
全卵や卵白を加える際、とくに最初のうちは、ほんの少量ずつ（大さじ1くらい）加え、そのつどよく混ぜてください。一度に加える量が多すぎると、乳化がうまくいきません。加えた卵液がしっかりと混ざり、生地がひとまとまりになってボウルからやや浮き上がった状態（写真中）になってから、次の卵液を加えます。
一見混ざったように見えても、この状態になる前に次の卵液を加えると、後で分離します。ぷるんとして弾力のある状態（写真下）であれば、きちんと乳化しています。乳化しづらいときは、電子レンジで温めたぬれぶきんをボウルの下に敷いて温めながら混ぜるとよいです。ただし、ふきんが熱すぎるとバターが溶けてしまうので、注意しましょう。

↓

↓

A　カーブしている側。このカーブをボウルの丸みに沿わせて動かす。

B　角。鍋の内側をかくとき、ここが鍋の隅にあたるようにして動かすと、かき残しが少なくなる。

C　まっすぐな側。鍋の側面をかくときにはこちら側をぴったりとあてて動かす。

● ❶、❷、❸で返す（b）

クッキーなどで、粉を混ぜるときに使います。ゴムベラはカーブのある側を下にし、ややねかせて生地にむかって斜めに差し込みます。そして、ゴムベラで粉が飛び散らないように押さえながら、3回切るように混ぜます。3回目はボウルの底にたまっている粉をかき、それを持ち上げるようにしてボウルの反対側に向かって返します。ゴムベラを返すたびにボウルを45°ずつ回してください。

● 生地をなめらかにする（フレゼ）（c）

クッキーやクレーム・ダマンドなどで、生地を均一でなめらかな状態にするときの混ぜ方です。生地がひとまとまりになったら、まず、ゴムベラについた分をカードでこそげます。

次に、生地をすべてボウルの奥側にまとめます。ゴムベラは親指が上になるようにしてにぎり、垂直に構えます。そして、生地を奥から手前にゴムベラで切り崩すようにして少しずつ移動させます。力を入れる必要はなく、手首を軽く動かして移動させてください。生地をすべて手前に移動させたらボウルを半回転させ、生地が再び奥側にくるようにし、ゴムベラで切り崩すようにして手前に移動させます。これを生地がなめらかになるまで何回か繰り返します。

● 直径で混ぜる（d）

パウンドケーキやロールケーキをつくるときに使います。ゴムベラは親指を下にしてにぎり、面を立てて構えます。面を使って生地を平行に移動させるように、1時の位置から7時の位置に向かって一直線に動かします。ゴムベラがボウルの側面にあたったら、生地をすくい上げて反対側に返します。効率よく一気に混ぜることができます。

● 半径で混ぜる（e）

ビスキュイ生地づくりでメレンゲに卵黄を混ぜるときや、ジェノワーズ生地づくりで薄力粉を加えて混ぜるときなどに用います。ボウルの半径の範囲内で生地をすくい上げ、すくい上げると同時にボウルを1回転させます。手早く混ぜたいときに使う混ぜ方です。

絞り袋と口金

絞り出しが上手にできるようになると、お菓子づくりの腕前はぐっと上がります。ポイントをおさえて絞り袋の使い方をマスターしましょう。

[素材と種類]

絞り袋には透明なビニールのもの（写真右）と、洗って繰り返し使えるもの（写真左）があります。わたしは、絞った後には火を入れない生地やクリームには、より衛生的な透明なタイプを、クッキーなどのかたさのある生地で絞った後に焼成するものには、繰り返し使えるタイプを用います。口金はステンレスのものは上から星口金、平口金、丸口金。プラスティックのものはサルタン口金といってリング状に絞り出せます。星口金は切り込みの数と径の大きさがいろいろあり、切り込みの数が6つなら6切りといい、1番、2番と番号が大きくなるごとに径が大きくなります。

● 絞り袋に口金をつける

1

絞り袋の先を切る。口金の口径よりも大きく切ってしまうと口金が袋の先から抜けてしまうので、少しずつ切っていく。

2

口金を絞り袋の内側に入れる。

3

口金の先が袋から出ないようならば、先をさらに切る。一気に切らず、少しずつ切って調整する。

4

口金の切り込み部分がすべて袋から出ている、ちょうどよい状態。大きく切りすぎると、小さな口金を使うときに袋の先から口金が抜けてしまうので注意する。

● 絞り袋に入れる

1

絞り袋を半分くらい折り返す。

2

クリームや生地はカードで一度になるべくたっぷりとすくう（メレンゲなど、気泡を保ちたいものは特にさわる回数を減らすため、一度にたくさんすくう）。

3

カードを縦長に持ち、クリームや生地がカードを伝って絞り袋にすべり落ちるようにして入れる。

× 失敗

⇒ 1/3くらいしか裏返していないクリームや生地が先まで入りにくく、中身が口金から出てくるまで無理に押し出さなくてはならない。また、絞り袋の上の方に中身がついてしまい、絞り出しづらい。

● 絞るときのコツ

1

絞り袋の手元をしっかりとねじって親指の付け根にはさむ。

2

反対の手で袋の端を持つ。手のひら全体で中身を押して、絞り袋の先まで中身を詰める。ケーキなどの上に絞り出す前に、いったんボウルの中などに絞り、口金の先まで中身を詰めておくこと。

3

絞り出すときには、絞り袋をパンパンに張らせてねじる。

4

ねじったところを親指と人差し指の間にはさむ。

5

手のひら全体で絞り袋をぎゅっとにぎるようにして、中身を押し出す。

×失敗

⇒指先だけで絞っている

×失敗

⇒ねじったところが手のひらの中にある

● 絞り袋に中身を足す

1

絞り袋に中身を足す場合は、カードでしごいて中身を口金のほうに移動させる。そのとき、カードの持ち手側の丸い方を絞り袋にあててしごく。角のあるほうでしごくと絞り袋に穴をあけてしまうことがある。

ハンドミキサー

パウンドケーキ、スポンジ、メレンゲ、生クリームの泡立てなど、さまざまな場面で使います。使い方のポイントは動かし方です。

[ハンドミキサーで泡立てるコツ]
ハンドミキサーで生地やクリームを泡立てるときに大切なのは、規則的に動かすこと。動かし方は、目的によってことなります。目的にあわせて、泡立て方を使い分けましょう。

● 量の少ないものを泡立てる（a）
ボウルをかたむけ、ハンドミキサーの羽がしっかりと液体につかるようにします。

● 高速でかさを増やす（b）
かさが増えてきたらボウルをまっすぐにし、ハンドミキサーは垂直に構えてボウルの中に時計回りに大きな円を描くようにして動かします（写真左）。たまにボウルを手前に回し、同時に12時の位置から6時の位置まで縦に一直線に動かすと全体をまんべんなく泡立てることができます（写真右）。

● 低速できめをととのえる（c）
きめをととのえるときは、たっぷりと気泡を抱き込んだボリュームのある生地を、低速でていねいに混ぜて気泡の大きさを均一にします。ハンドミキサーは垂直に構え、ボウルの中に大きな円を描くように、ゆっくりと静かに動かしてください。

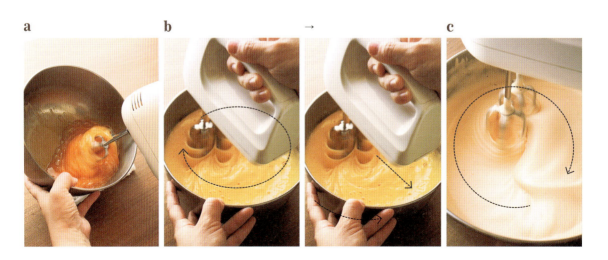

a   b →   c

014

カード

カードもまた、さまざまな場面で用いる道具です。
ゴムベラと同様に、どの部分を使うかを意識しましょう。

[かたさによって向いている作業がちがう]

カードにはかたいものとやわらかいものがあります。かたいものは生地を分割するのに向いており、ボウルに残った生地やクリームをかき集めるときにはやわらかいほうが使いやすいです。両方あると便利ですが、まずはどちらかひとつ持つということであれば、かたいもののほうが使いみちが広いように思います。

●カードの使い方

カードはゴムベラ同様に、作業や目的によって使う場所がことなります。なんのためにどこを使うのかを知っておきましょう。

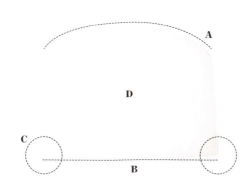

A カーブを描いている側。ボウルの中身をすくったり集めたりするときは、こちら側をボウルの丸みに沿わせて動かす。また、絞り袋に残った生地を口金のほうに寄せたいときもこちら側を使う。

B まっすぐな側。表面を平らにならすときや、台の上にこぼれた粉をかき集めるときなどは、こちら側を使う。生地を広げるときは生地にあてる角度を大きくし、表面を平らにならすときには小さくする。生地を分割するときにもこちら側を使う。

C 角。型の隅まで生地を広げたいときや、鍋の隅まで残らずかき出したいときなどに使う。

015

この本を使う前に

［材料について］
・バターは無塩バターを使います。
・粉糖は純粉糖を使います。
・アーモンドパウダーは皮なしを使います。
・ナッツ類は、生のものを用意します。

［つくり方について］
・本書には「材料を冷たくない状態にしておく」という表現がよくでてきます。
　お菓子づくりの本では「常温にしておく」という表現をよく見かけますが、
　夏と冬では常温の温度が違い、冬の常温は作業をするには冷たすぎます。
　夏なら常温でよいのですが、冬は湯煎にかけるなどして人肌よりもぬるいくらいの状態にしておきます。
・オーブンは機種によって熱の入り方がちがいます。本書の焼成温度、時間は目安です。
　お使いのオーブンにあわせて調整してください。
　また、焼成途中に天板の前後を入れかえるなどして、まんべんなく火が入るようにします。
・ハンドミキサーで混ぜる時間や速度は機種によって変わります。生地やクリームの状態をよくみて調整してください。
・溶かしバターは電子レンジの解凍モードを使うか、湯煎にかけてつくります。
・バターは電子レンジの解凍モードにかけて、やわらかくすると作業がしやすいです。
　溶かしてしまわないよう、様子をみながら少しずつ解凍してください。
・卵を溶くときは、卵白のコシが切れて全体が均一な状態になるまでしっかりと溶きましょう。
・ボウルが熱いときは軍手を2枚重ねてはめた手でおさえています。
　ミトンよりも指が自由に動かせて作業がしやすいです。
・ザルの裏側についたクリームやアパレイユはゴムベラでこそげてすべて使いましょう。
・できあがりの個数は目安です。
・冷凍保存可能なパーツの保存期間は、冷凍庫の機種や庫内の状態によってことなります。状態をよくみて判断してください。

［用語について］
・アパレイユ：材料を混ぜ合わせた生地や種。
・キャラメリゼ：砂糖を溶かして焦がし、褐色に色づいた香ばしい状態にする。
・クレーム・シャンティイ：泡立てた生クリームのこと。
・クレーム・ダマンド：アーモンドパウダー、砂糖、バター、卵などでつくるクリーム。
・クレーム・ディプロマット：クレーム・パティシエールに泡立てた生クリームを加えたもの。
・クレーム・パティシエール：カスタードクリームのこと。
・クレーム・フランジパーヌ：クレーム・ダマンドとクレーム・パティシエールを混ぜたもの。
・ソース・アングレーズ：卵黄、牛乳、砂糖をあわせ、とろみがつくまで熱したもの。
・ナパージュ：ケーキや具材の表面にぬるもの。乾燥を防ぎ、ツヤを出す。
・ピケ：フォークなどで生地に穴を開ける。
・フォンサージュ：型に生地を敷き込む。

1

プリン

Crème caramel

● **プリンがかたまる温度は、約80℃**

プリンは熱によって固まる卵の性質を利用してつくります。プリンの凝固温度は、配合にもよりますが、だいたい80℃くらいです。80℃をこえるとどんどんかたくなり、100℃に近づくと"す"が入りはじめます。すはかたまったプリンの中の水分が蒸発し、プリンに穴があいたものです。すが入るほど加熱してしまうと食感が悪くなりますが、新鮮な卵を使うと、加熱しすぎていなくても、すによく似た気泡ができることはあるので、すが入らないようにとあまり気にしすぎなくてもよいように思います。

● **湯煎焼きで、なめらかに**

高温で焼くと、中まで火が通る前に外側がかたくなったり、すが入ったりします。全体を口どけのよい状態に焼き上げるには、ゆっくりと時間をかけて少しずつプリン液の温度を上げていく必要があります。そのため、プリンは湯煎で焼きます。湯によって火のあたりがやわらかくなり、少しずつ火を入れていくことができるのです。

● **濃厚な味わいのプリンにするには**

プリンの主な材料は卵、牛乳、砂糖。卵黄の割合を増やせばとろりとやわらかくなり、味わいも濃厚に。全卵のみを使うプリンは卵白の比率がより高いので、ぷるんとした食感になります。濃厚な味わいにするためには、卵黄を多くするほか、牛乳の一部を生クリームにおきかえる、砂糖の代わりにコンデンスミルクを使う、といった方法があります。

● **クレーム・ブリュレはプリンとどうちがう?**

一般的に、プリンは卵黄と卵白の両方を使いますが、クレーム・ブリュレは卵黄のみを使います。卵白が入らないクレーム・ブリュレは、プリン特有のぷるんとした弾力がない代わりに、とてもなめらかなクリーム状に仕上がります。卵黄は全卵よりも凝固温度が低く、固まりはじめたらすぐにかたくなるので(P.176 卵の凝固温度参照)、焼成時は火を入れすぎないよう注意が必要です。この本のレシピでは浅い器に流し入れ、100℃という低温で焼いていますが、プリンのように深さのある器で焼くならば、プリンと同様に長時間湯煎焼きする必要があります。

020　プリン（→ P.022）

クレーム・ブリュレ (→ P.024)

プリン

卵、牛乳、砂糖でつくるシンプルなレシピです。
全卵に加え、卵黄も使って少しコクをだしました。
型から出しても形が崩れにくいプリンにしています。

材料

● アパレイユ（上辺の直径5.5cm・底辺の直径4cm・高さ5.5cmのプリンカップ /5個分）
全卵 … 120g
卵黄 … 20g
グラニュー糖 … 40g
牛乳 … 220g
バニラビーンズ … 長さ1cm分

● カラメル（10個分）
グラニュー糖 … 75g
熱湯 … 50g

下準備

・アパレイユの全卵と卵黄はボウルに入れ、均一な状態になるまでよく混ぜておく。

カラメル

1

鍋を中火にかけ、温まったらグラニュー糖を1/3量ほど入れる。

➡ 小鍋の上に手をかざし、温かく感じるようになったらグラニュー糖を入れる。グラニュー糖の量は鍋底一面を薄く覆う程度。

2

グラニュー糖が溶けたら、同じくらいの量をさらに加える。これを繰り返し、すべてのグラニュー糖を溶かしたら、中火でゆっくりと焦がす。

➡ 一度に全量入れると、全体を均一に焦がすことができない（全体が溶ける前に、一部が焦げたりする）。

3

泡が出てきたら火を止め、しばらく鍋をまわしてさらに焦がす。

➡ 火を止めるとゆっくりと焦げていくので、焦がしすぎなくてすむ。

4

焦げ色がしっかりとついたら鍋底を冷水にあてる。ジュッという音がしなくなったらすぐにはずす。

➡ 急冷してカラメルの焦げ具合をちょうどよいところで止める。ただし、冷水にずっとあてていると、カラメルが冷えてかたまってしまう。

5

熱湯を静かに加え、均一な状態になるまで木ベラでよく混ぜる。

➡ 熱湯を加えると、はねるので気をつけること。カラメルがかたまってしまったら、火にかけて溶かすとよい。

6

ザルで漉す。

➡ カラメルが飴状にかたまっていることがあるので、漉して取り除く。

7

プリンカップ1個につき8gずつ流し入れる。冷凍庫に入れてカラメルを冷やしかためる。

➡ カラメルを冷やしておくと、アパレイユと混ざりづらい。冷やしてもカラメルがあまりかたくならなかったら、アパレイユを静かに注げばさほど混ざらない。

アパレイユ

8
ボウルによく溶いた全卵と卵黄を入れ、グラニュー糖を加えて混ぜる。この間、鍋に牛乳を入れ、バニラビーンズをさやごと加えて中火にかけておく。

9
8の鍋肌がふつふつと沸いてきたら、火を止める。

10
8のボウルを泡立て器でかき混ぜながら、9を注ぎ入れ、よく混ぜる。
➡9の状態になったら、すぐに8のボウルに加え混ぜる。

11
漉す。
➡バニラビーンズや牛乳の膜などを取り除き、なめらかな口あたりにするため。

12
泡が浮いていたらスプーンなどで取り除く。

焼成【160℃/65分】

13
7のカップに、アパレイユを約75gずつ流し入れる。カップにアルミ箔でフタをする。
➡アルミ箔で覆うことで表面が乾燥したり、焦げたりするのを防ぐ。

14
天板に深めのバットをのせ、バットに熱湯を注ぐ。そこにアパレイユを流し込んだカップを入れ、160℃のオーブンで約65分、湯煎焼きする。
➡必ず熱湯を使う。焼き上がりの目安は、ふると中央まで一緒にふるえる状態。中央だけがまだゆるくて液状であれば、もうすこし焼く。

15
プリンカップごと氷水につけて急冷し、粗熱がとれたら冷蔵庫で冷やす。
➡急冷するのは、菌が繁殖しやすい温度帯をなるべく短時間で通過させるため。

プリンアラモード

好みのフルーツや生クリームと盛りあわせれば、プリンアラモードに。アパレイユをカップからはずすときは、アパレイユの端をスプーンなどで軽く押し、型とアパレイユの間に空気を入れる。そして、カップを皿の上にひっくり返してはずす。

クレーム・ブリュレ

卵黄でつくるため、クリーミーでなめらかな食感に。
ほうじ茶でこうばしい香りをつけています。
紅茶やジャスミン茶、ハーブティーなど好みの茶葉でアレンジできます。

材料
（上辺の直径13cm・底辺の直径10cmの平皿 /2枚分）
牛乳 … 50g
生クリーム（乳脂肪分47％）… 125g
ほうじ茶（茶葉）… 4g
卵黄 … 30g
ブラウンシュガー* … 20g
＊三温糖、カソナード、きび砂糖など、好みのものを使う。

下準備
・オーブンは100℃に予熱する。

1

アパレイユ

鍋に牛乳と生クリームを入れて中火にかける。鍋肌がふつふつと沸いてきたら火をとめ、ほうじ茶を加えてゴムベラで軽く混ぜる。

2

フタをして約5分おく。
➡ほうじ茶の香りを逃さず、牛乳にしっかりとうつすためにフタをする。

3

漉してほうじ茶を取り除く。
➡最後に茶葉をゴムベラで軽く押さえて絞る。強く押さえると渋みが出るので注意する。

4

ボウルに卵黄とブラウンシュガーを入れ、泡立て器ですり混ぜる。

5 4を泡立て器で混ぜながら、3を注ぎ入れる。

6 5を漉し、泡があればスプーンなどで取り除く。
➡ 茶葉、卵のカラザ、ダマなどを取り除き、なめらかな口あたりにする。

7 焼成【100℃／30〜40分】
平皿にアパレイユを半量ずつ流し入れて天板にのせ、100℃のオーブンで30〜40分焼く。天板にのせたまま粗熱をとり、冷蔵庫で冷やす。
➡ 焼き上がりの目安は、ふるとアパレイユが一体になってふるえる状態。中央だけがまだゆるくて液状であれば、もうすこし焼く。

8 食べる直前に表面をキャラメリゼする。まず、ブラウンシュガー（分量外）を表面にふる。

9 バーナーで焦げ目をつける。これを2〜3回繰り返して、表面をパリッとさせる。
➡ バーナーは寝かせてあてる。ブラウンシュガーが全部溶け、こんがりと焦げ色がついてから、次のブラウンシュガーをふる。

10 表面がパリッとおいしそうに焦げたらできあがり。
➡ バーナーをあてすぎるとアパレイユに火が入り、状態が変わってしまうので気をつける。

バーナー

表面を焦がすには、カセットコンロに取り付けて使う料理用のバーナーを用いる。レアチーズケーキ（P.119）やフルーツピュレのムース（P.139）は型を温めると、きれいにはずせるが、そういうときに、型にバーナーの炎をあてると簡単に温められて便利。

2

クッキー

Sablé

●クッキーの製法

クッキーにはさまざまな製法があります。

型抜きクッキー：麺棒などで生地を薄くのばし、抜きやすいかたさになるまで冷やしてから型で抜く。
→ちどり（P.040）

アイスボックスクッキー：丸や四角の棒状に成形した生地をしっかりと冷やしかためた後、包丁などでカットする。
→ウズマキクッキー、マーブルクッキー（P.031）

手成形クッキー：手で形をかえられるくらいのかたさになるように冷やし、丸めたりして成形。
→スノーボール（P.030）

絞り出しクッキー：絞り出すのにちょうどよいかたさの生地をつくり、好きな形に絞る。
→アルル（P.028）

液種クッキー：生地はゆるく、ほぼ液状。薄く焼き上げる。
→ラング・ド・シャ（P.029）

●しっかりと乳化させることが大切

おいしいクッキーをつくる上でとても大切なのはバターと卵をしっかりと乳化させることです。乳化とは水分と油脂が完全に混ざった状態のこと。反対に、水分と油脂が混ざり合っていない状態を分離といいます。乳化がきちんとおこなわれていると、口どけのよい生地になります。乳化しきっていない生地は油っぽかったり、かたい食感になったりします。クッキー以外にも、パウンドケーキやタルトのクレーム・ダマンドなど、多くの焼き菓子において、生地をしっかり乳化させることが、おいしさのポイントとなります。焼き菓子のほかに、乳化が重要なポイントとなるものには、チョコレートと生クリームをあわせるガナッシュ、生クリームとカラメルをあわせるカラメルソースなどがあります。

028 アルル (→ P.032)

ラング・ド・シャ (→ P.034)

030 スノーボール (→ P.036)

ウズマキクッキー（→ P.038）、マーブルクッキー（→ P.039）

アルル

クッキー生地は薄く絞り出し、キャラメルはしっかり色づくまで焼いてパリッとさせることが大切。ゴッホが「ひまわり」を描いた地、南仏・アルルにちなんで名づけました。

材料（直径7cm / 約40枚分）
● 生地
バター… 100g
粉糖… 50g
全卵… 40g
薄力粉… 150g

● ヌガー
生クリーム（乳脂肪分38%）… 30g
バター… 18g
グラニュー糖… 24g
ハチミツ… 12g
アーモンドスライス… 30g

下準備
・生地のバターはやわらかくする（P.015参照）。
・卵は冷たくない状態にしておく。
・薄力粉はふるう。
・ヌガーのアーモンドスライスは手で軽くくだいておく。
・オーブンは150℃に予熱する。

生地

1
ボウルにやわらかくしたバターと粉糖を入れ、ゴムベラで粉糖を押さえるようにして混ぜる。

2
全卵を溶き、1に少量加える。

3
ゴムベラの先をボウルの底に押しつけながらぐるぐると混ぜて乳化させる。
→ P.010「乳化させる」参照。

4
ふるった薄力粉を加え、ゴムベラで切り混ぜる。
→ P.011「❶、❷、❸で返す」参照。

5

生地がまとまってきたら、ゴムベラについた生地をカードでこそげ、生地をすべてボウルの奥側にまとめる。まとめた生地をゴムベラで手前に少しずつ動かす。生地をすべて動かしたら、ボウルを半回転させ、同様に生地を移動させる。
➡ P.011「生地をなめらかにする（フレゼ）」参照。

↓

なめらかになるまで何回か繰り返す。

6

ヌガー

鍋に生クリーム、バター、グラニュー糖、ハチミツを入れて火にかける。沸いたら、軽くくだいたアーモンドスライスを加える。

7

ゴムベラで鍋の中に円を描くように混ぜながら煮詰める。全体がうっすらと色づき、とろみが出てきたら火を止める。
➡ 鍋肌や底から浮き上がるようになり、ゴムベラで混ぜると全体がひとまとまりになって動くようならば、できあがり。

8

焼成❶
【150℃／10分】

サルタン口金をつけた絞り袋に生地を入れ、天板に絞る。150℃のオーブンで10分焼く。
➡ 口金の先を天板に密着させ、そのままの状態で生地を絞り出す。ほどよい大きさになったら絞るのをやめ、まっすぐ上に引き上げる（上写真）。1回絞るごとに口金のまわりについた生地を指先でこそげ、口金をきれいにしてから絞ると（下写真）、美しい形に絞り出せる。

↓

9

焼成❷
【150〜155℃／10分】

生地の中央にヌガーをスプーンで流し込み、150〜155℃のオーブンで10分焼く。天板にのせたまま冷ます。
➡ ヌガーに透明感が出て、ふつふつと沸き、カラメル状になったら焼き上がり。不透明な部分が残っているうちにオーブンから出すと、ヌガーがカリッと焼き上がらない。

サルタン口金

フランスの製菓道具メーカー、マトファー社製。リング状に絞れる。ギザギザの部分と中央の円形の部分が同じ高さのFLATタイプを使用。円形の部分のみが高いHIGHタイプもあるが、このクッキーに使うと生地が厚くなりすぎる。口径が大きい口金なので、絞り袋の先は大きめに切る。

ラング・ド・シャ

薄いクッキー生地にプラリネとチョコレートのクリームをサンド。
焼成中に広がる生地なので、間隔や量に気をつけて絞りましょう。
薄く焼き上がると、おいしいです。

材料(直径2.5cm / 29個分)
● プラリネクリーム
アーモンドプラリネ … 9g
ホワイトチョコレート … 18g

● 生地
バター … 30g
粉糖 … 30g
アーモンドパウダー … 15g
卵白 … 30g
A
| 薄力粉 … 15g
| 強力粉 … 15g

下準備
・バターはヘラがすっと入るやわらかさにする
 (P.015参照)。
・粉糖とアーモンドパウダーはあわせてふるう。
・**A**はあわせてふるう。
・オーブンは160℃に予熱する。

1

プラリネクリーム

アーモンドプラリネとホワイトチョコレートをボウルに入れる。湯煎にかけて溶かし混ぜる。
➡ チョコレートは板状のものを使う場合は、細かくきざむ。

2

生地

ボウルにやわらかくしたバターを入れる。あわせてふるった粉糖とアーモンドパウダーを加え、そのつどゴムベラで均一な状態になるまで混ぜる。
➡ 粉類が飛びちるので、ゴムベラでぎゅっと押さえながら混ぜる。

3

卵白は泡立て器などで切るように混ぜてコシをきり、さらさらの状態にする。
➡ コシをきらないと少しずつ加えることができず、分離しやすくなる。ここではハンドミキサーの羽を手に持って混ぜたが、泡立て器を使ってもよい。泡立ててしまわないように注意する。

4

3を**2**に少しずつ加え、そのつどゴムベラでしっかりと混ぜて乳化させる。
➡ P.010「乳化させる」参照。

5  Aを加え、ゴムベラで混ぜる。写真のように均一な状態になったら混ぜ終わり。

9  もう1枚のラングドシャでクリームをはさむ。冷蔵庫に5分弱入れ、クリームを冷やしかためる。
➡ 冷蔵庫に入れたままにすると、生地がしける。

6  生地を口径10mmの丸口金をつけた絞り袋に入れ、オーブンシートを敷いた天板に直径2.5cmに絞り出す。
➡ 絞り袋は垂直に構える。一定の高さを保って絞るため、左手は天板にのせて絞り袋を支えるとよい。絞り終わりは口金の先をくるっと回して天板から離す。焼成中に広がる生地なので、間隔をあけて絞る。

7
焼成【160℃/8〜10分】
160℃で8〜10分焼く。バットに移し、完全に冷ます。
➡ 薄い生地なので焦げやすい。焼き上がり時間が近くなったら気をつけて見ておき、焼けたものから取り出す。

8
仕上げ
ティースプーンでクリームをすくい、ラングドシャの底面に落とす。
➡ ラングドシャが完全に冷めてからクリームをのせる。温かいうちだとクリームが溶けてだれてしまう。

035

スノーボール

軽い食感のクッキー生地の中にクルミを入れました。
クルミはキャラメリゼしておき、味も食感もリッチなクッキーに。
生地のバターを溶かさないように作業するのが重要です。

材料（直径約2.5cm/ 約65個分）

● クルミのキャラメリゼ
水 … 35g
グラニュー糖 … 50g
クルミ … 35g

● 生地
バター … 100g
粉糖 … 27g
A
　薄力粉 … 85g
　アーモンドパウダー … 50g
　コーンスターチ … 40g
塩 … 1g

● 仕上げ
粉糖 … 70g前後

下準備
・バターはヘラがすっと入るやわらかさにする（P.015参照）。
・Aをあわせてふるう。
・オーブンは170℃、160℃に予熱する。

1 クルミのキャラメリゼ

水とグラニュー糖をあわせて沸かし、シロップをつくる。熱いうちにクルミをひたし、一晩おく。漉してシロップをきる。

2 クルミの焼成
【170℃ / 10〜13分】

天板にオーブンペーパーを敷き、**1**を広げる（写真）。170℃のオーブンで10〜13分焼く。
➡途中、全体を混ぜてまんべんなく火を通す。先に焼けたものから取り出す。

3

ペティナイフできざむ。

4 生地

ボウルにやわらかくしたバター、粉糖（27g）を入れ、ゴムベラで混ぜる。
➡粉糖が飛びちるので、ゴムベラでぎゅっと押さえながら混ぜる。

5

Aを一気に加え、ゴムベラで切り混ぜる。
➡ P.011「❶、❷、❸で返す」参照。

6

生地がまとまってきたら、ゴムベラについた生地をカードでこそげ、生地をすべてボウルの奥側にまとめる。まとめた生地をゴムベラで手前に少しずつ動かす。生地をすべて動かしたら、ボウルを半回転させ、同様に生地を移動させる。
➡ P.011「生地をなめらかにする（フレゼ）」参照。

↓

これを何度か繰り返し、なめらかな状態にする。生地がボウルにくっつかなくなり、ひとまとまりになったら混ぜ終わり。

7

3のクルミを加え、手で全体に行き渡るように混ぜる。
➡ 混ぜすぎるとクルミから油が出てしまい、生地になじまなくなる。

8

ひとまとめにしてビニールシートで包み、麺棒で厚さ約1cmにのばす。冷蔵庫でやすませる。
➡ 厚みが均一になるようにのばす。

9

押してもへこまないくらいかたくなったら取り出し、カードで約1cm角に切り分ける。計量し、1個が5gになるように生地を足したり、減らしたりして調整する。
➡ 同じ大きさにして、焼きムラができないようにする。

10

両手のひらではさんで丸める。
➡ ややつぶして空気を抜きながら丸める。ゆっくり丸めるとバターが溶けてしまうので、作業は手早く。

11

焼成【160℃ / 13～15分】

間隔をあけて天板に並べ、160℃のオーブンで13～15分焼く。
➡ 焼き上がり時間が近くなったら気をつけて見ておき、焼けたものから取り出し、網の上で冷ます。

12

仕上げ

完全に冷めたら粉糖（70g前後）を入れたボウルに入れてまぶす。
➡ 軽やかな仕上がりにするため、粉糖はうっすらとまとわせる。生地が熱いうちにまぶすと粉糖が溶けてぶ厚くついてしまう。

13

粉糖を軽く押さえる。

ウズマキクッキー

きれいな形に巻くために、生地をずらして重ねたり、端を斜めにカットしたりしています。
薄い焼き上がりにすることも大切なポイントです。

材料
シュクレ生地 (P.056)、
ショコラ・シュクレ生地 (P.064) … 各適量
＊写真では 25×23cm・厚さ4mmにのばしてつくっているが、生地の大きさは好みで調整すればよい。

下準備（右ページと同様）

成形

1 生地2種は、それぞれ、ビニールシートではさんで麺棒で厚さ4mmにのばし、冷蔵庫で半日やすませる。ビニールシートをはがし、同じ大きさに切る。

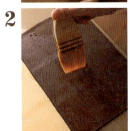

2 ショコラ・シュクレ生地に溶き卵をハケで薄くぬる。
➡溶き卵を厚くぬると、生地を重ねたときにすべってずれてしまう。

3 ショコラ・シュクレ生地の上にシュクレ生地を1cmほどずらして重ねる。

4 ずらして重ねたのと反対側の端を、ショコラ・シュクレ生地がやや長くなるように斜めに切り落とす。

5 ビニールシートを生地の下に敷く。シュクレ生地に溶き卵をハケで薄くぬる。

6 3でずらして重ねたほうのショコラ・シュクレ生地の端を立ち上げ、シュクレ生地の端を包むように丸める。

7 ビニールを軽く引っぱりながら転がして丸める。丸めたら、台に軽く押しつけながら手前に引いて生地を締め、しっかりと密着させる。ビニールシートで包み、冷凍庫に一晩おく。

8 焼成【170℃ / 15〜17分】
5mm幅に切り、シルパンを敷いた天板に並べる。170℃のオーブンで15〜17分焼く。

9 焼き上がったものからパレットナイフで網の上に移して冷ます。

マーブルクッキー

繊細なマーブル模様と軽い食感のクッキーです。
練りすぎないように気をつけて成形し、
薄くカットして、砂糖をまぶして焼成します。

材料

シュクレ生地 (P.056)、
ショコラ・シュクレ生地 (P.064)、
グラニュー糖 (微粒) … 各適量

下準備

- P.056「タルト・フリュイ」のシュクレ生地、P.064「ブラウン」のショコラ・シュクレ生地をつくる。
- オーブンは170℃に予熱する。

成形

1
2種の生地を何層か重ね、手のひらで押さえて密着させる。カードで半分に切る。
➡ 余り生地を使うとよい。生地がべたつくようならば、手粉を軽くうつ。

2
再度重ね、押さえる。これを2〜3回繰り返す。

3
親指で生地の表面を押し込むようにして、2種の生地を軽く混ぜる。
➡ 練りすぎると完全に混ざってしまうので注意。

4
手のひらで転がして、俵形に丸める。

5
さらに転がして棒状にのばし、定規2本ではさむ。定規から上に出ている部分を手のひらの付け根で押さえて平らにする。

6
定規2本ではさんだまま前後にすべらせるようにして動かし、底を平らにととのえる。上面は**5**と同様にして平らにする。これをすべての面で何回か繰り返し、美しい四角に成形する。

7

焼成【170℃ / 15〜17分】

ビニールシートで包み、冷凍庫に一晩おく。5mm幅に切り、グラニュー糖をまぶす。170℃のオーブンで15〜17分焼く。

8
焼き上がったものからパレットナイフで網の上に移して冷ます。
➡ 焼き上がったかどうかはシュクレ生地の焼き色をみて判断する。

ちどり

ちどりの型で抜いたシナモン味のクッキーです。
ざっくりとした歯ごたえがおいしい配合ですが、
練りすぎるとかたくなってしまうので気をつけましょう。

材料（約30枚分）
バター… 50g
A
　カソナード … 40g
　グラニュー糖 … 15g
　シナモンパウダー… 2.5g
　塩 … 0.5g
全卵 … 12g
牛乳 … 4g
薄力粉 … 100g
粉糖 … 適量
シナモンパウダー… 適量

下準備
・バターはヘラがすっと入るやわらかさにする（P.015参照）。
・Aは混ぜておく。
・卵と牛乳は冷たくない温度にしておく。
・薄力粉はふるう。
・オーブンは170℃に予熱する。

生地

1
ボウルにやわらかくしたバターとAを入れる。ゴムベラで押さえるようにしてムラがなくなるまで混ぜる。

2
別のボウルに全卵を入れてよく溶き、牛乳を加える。**1**に半量ずつ加え、そのつどゴムベラで混ぜる。
→ ゴムベラの先をボウルの底に押しつけながらぐるぐると混ぜて乳化させる。P.010「乳化させる」参照。

3
ふるった薄力粉を加え、ゴムベラでムラがなくなるまで切り混ぜる。
→ P.011「❶、❷、❸で返す」参照。

4
生地がひとまとまりになったら、ゴムベラについた生地をカードでこそげる。生地をすべてボウルの奥側にまとめる。

↓
まとめた生地をゴムベラで手前に少しずつ動かす。生地をすべて動かしたらボウルを半回転させ、同様に生地を動かす。これをなめらかな状態になるまで繰り返す。
→ P.011「生地をなめらかにする（フレゼ）」参照。

5
ひとまとめにしてビニールシートではさみ、麺棒で厚さ4mmにのしてから冷凍する。
→ この後、型抜きするので、均一な厚さにのすこと。バール（厚さ4mm）2本の間に生地を置いてのすと均一な厚みにできる。

6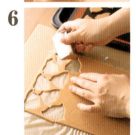
ビニールシートをはがし、型で抜く。シルパンを敷いた天板に並べる。
→ ムダなく抜けるよう、端からすき間をつくらずに抜いていく。千鳥の形の抜き型を使用。

7
焼成【170℃ / 17～25分】
粉糖とシナモンパウダーを同割であわせたものを茶漉しでふる。170℃のオーブンで17～25分焼く。
→ 茶漉しに粉糖だけが残ってしまったら、シナモンパウダーを足す。

3

パウンドケーキ

Cake

● パウンドケーキの製法

パウンドケーキにはさまざまな製法があります
が、私がよく使うのはシュガーバッター法、フラ
ワーバッター法、別立て法という3つの製法です。
この本ではシュガーバッター法とフラワーバッ
ター法によるパウンドケーキのレシピをご紹介し
ます。

● シュガーバッター法とは

まずバターに砂糖を加えて泡立て、空気をたくさ
ん含ませてから、卵、粉を順に加えます。崩れる
ような軽い食感になり、きめ細かく、とても口ど
けのよい生地ができます。私は生地そのものの味
わいを楽しませたいときにこの製法を使い、具材
は入れません。バターと卵をきっちりと乳化させ
るのがポイントです。
→ゴマと黒糖のパウンドケーキ (P.044)

● フラワーバッター法とは

バターと小麦粉を混ぜてペースト状の生地をつく
り、砂糖を加えて泡立てた卵と混ぜあわせます。
水分の多い具材を入れても分離しにくいので、フ
ルーツなどを入れたいときにはこの製法でつくり
ます。
→ラムレーズンのパウンドケーキ (P.045)

● 別立て法とは

卵黄と卵白を別々に泡立ててあわせ、粉を加え混
ぜて、最後に溶かしバターを混ぜてつくります。
分離しにくいのですが、メレンゲをどの程度泡立
てるかの見きわめや、粉の混ぜ合わせ方にコツが
あり、他の2つの製法よりも難易度が高いといえ
ます。

● バターを溶かさないことが重要

パウンドケーキをはじめ、バターを使ったお菓子
をつくるときは、バターを溶かさないよう充分に
気をつける必要があります。なぜかというと、バ
ターは一度溶けると性質が変わってしまうから
です。固形のバターは油脂の分子が寄り集まっ
て結晶構造をつくっています。結晶の並び方には
いくつかのパターンがあり、市販品はバターが特
性を発揮するのに最適な状態で出荷されています
(P.177 バターの3大特性参照)。ところが、溶ける
と結晶構造が崩れ、お菓子づくりに欠かせないバ
ターの特性が失われてしまうのです。

044 ゴマと黒糖のパウンドケーキ (→ P.046)

ラムレーズンのパウンドケーキ (→ P.048) 045

ゴマと黒糖のパウンドケーキ

シュガーバッター法でつくった生地は口の中でほどけるほどに繊細な食感。
生地には黒糖を混ぜてコクと風味を加え、
白ゴマをたっぷりとふって香ばしさを添えました。

材料（7.5×13.5×高さ6cmのパウンド型/2台分）
バター… 120g　　　　薄力粉… 120g
グラニュー糖… 60g　　ベーキングパウダー… 1g
粉末黒糖（伊平屋）… 60g　白ゴマ　約20g
全卵… 100g

下準備
・バターはゴムベラがすっと入るくらいのやわら
　かさにする（P.015参照）。
・全卵は冷たくない状態にして、よく溶いておく。
・薄力粉とベーキングパウダーはあわせてふるっ
　ておく。
・白ゴマは煎る。
＊鍋を火にかけ、手をかざして温かく感じるくらいになったら白ゴ
マを入れる。香りがたち、パチパチとはじけはじめたら取り出して
冷ます。
・オーブンは170℃に予熱する。

型に紙を敷く

1　ロール紙を型にあて、型の高さで折って印をつけ、印を
つけた幅で切る。これを短辺、長辺、両方で行い、ロール紙
を型の高さぴったりにおさまる大きさにする。
2　紙に型をあて、型の底4辺の位置を折って印をつける。印
よりもやや内側で折って折り線をつける（型の厚みを考慮し、
やや内側で折り線をつける）。折り線（点線のところ）で切る。
3　2の写真の★の部分をつまんで持ち上げ、型に入れる。
4　型の内側の四隅に人差し指を差し込み、角がきれいに出
るように紙をしごく。

1

生地

ボウルにやわらかくしたバターを入れる。グラニュー糖と粉末黒糖をあわせたものを加え、ゴムベラでぎゅっと押さえるようにして混ぜる。

2

均一な状態になったら高速のハンドミキサーで3分ほど混ぜる。
→ ハンドミキサーはボウルの中に大きく円を描くように動かし、まんべんなく混ぜる。

3

全卵を少量加え、高速でさらに2分混ぜ、しっかりと乳化させる。残りの全卵は3〜4回に分けて加え、同様に混ぜる。ただし、最後の1回は混ぜすぎると分離するので、軽く混ぜるにとどめる。
→ 卵が混ざった後、しっかり乳化してぷるんと弾力のある状態になるまで混ぜてから次を加える。

4

あわせてふるった薄力粉とベーキングパウダーを一気に加え、ゴムベラで約80回ほど混ぜる。
→ ゴムベラは立てて生地に差し込み、面を使って矢印のように右から左へ動かし、ボウルの側面にあたったら、手前に返して底から生地をすくい上げる。これをひたすら繰り返す。（P.011「直径で混ぜる」参照）

5 30回ほど混ぜたところで、写真のように粉気がなくなる。

6 ゴムベラに粉がかたまってつくことがあるので、途中、ボウルのへりでこそげて落とし、ゴムベラの先で混ぜて生地になじませる。

7 さらに50回ほど混ぜると写真のようにツヤが出てくる。

8 型の紙と紙が重なっているところに少量の生地をぬり、紙どうしをくっつける。
➡生地を型に入れるとき、紙が内側に倒れにくくなる。

9 半量ずつ型に移す。ゴムベラを生地の表面で上下に細かく振動させると平らになる。

10 焼成【170℃/30分】
煎って冷ました白ゴマをふる。170℃のオーブンで30分焼く。

11 熱いうちに台に軽く打ちつける。

12 型から取り出して網の上で冷まします。

047

ラムレーズンのパウンドケーキ

フラワーバッター法でつくる生地に
ラムレーズンをたっぷりと混ぜ込みました。
この製法は水分の多い具材を入れたいときにむいています。

材料（8×24×高さ6cmの型 /1台分）
バター… 120g
A
  薄力粉… 120g
  アーモンドパウダー… 20g
  ベーキングパウダー… 2g
全卵… 100g
グラニュー糖… 80g
ラムレーズン [*1] … 90g
シロップ [*2] … 適量

*1：グラニュー糖100gと水75gをあわせて沸かし、レーズン150gに注ぐ。ダークラム（ロンサカパ）60gを加えて混ぜ、1週間以上漬け込む。汁気をきった状態で計量する。
*2：ラムレーズンの漬け汁を使う。

下準備
・バターはとろとろのやわらかさにする（P.015参照）。目安はゴムベラをパタパタと軽い力で動かして混ぜられるくらい。
・全卵はよく溶き、冷たくない状態にしておく。
・Aはあわせてふるう。
・オーブンは170℃に予熱する。

1 生地

ラムレーズンをハンドブレンダーでピュレ状にする。
→ナイフできざんでピュレ状にしてもよい。

2 ボウルにやわらかくしたバターを入れてゴムベラで混ぜ、均一な状態にする。

3 ふるったAを一気に加え、ゴムベラで混ぜあわせて均一なペースト状にする。

4 別のボウルに全卵とグラニュー糖を入れて混ぜ、湯煎にかけて温めながら泡立てる。
→卵に対して砂糖が多いので泡立ちにくいが、卵を温めることで泡立ちやすくする。

5
4が人肌よりも温かいくらいになったら、湯煎からはずす。ハンドミキサーの高速で3〜5分間泡立てる。
➡かさが少ないうちはボウルをかたむけて泡立てるとよい。

9
ハンドミキサーの低速で混ぜる。なじんできたら中速にして写真のようにツヤが出るまで混ぜる。
➡混ぜはじめは一時的に水っぽくなるが、さらに混ぜ続けると乳化する。全体がなじんだら中速にして、ツヤが出るまで混ぜる。

6
生地をたらすとたらしたあとがはっきりと残るようになったら、低速にしてさらに2分泡立てる。
➡高速で混ぜて大きな気泡をたっぷりと抱き込んだ生地を、低速で混ぜることで、気泡が細かくてツヤのある状態にする。

10
9に1を加えてゴムベラで、やさしく混ぜあわせる。写真は混ぜ終わり。
➡混ぜすぎると分離する。

7
ツヤが出て、きめの細かい状態になる。

11
焼成【170℃/35〜40分】
「ゴマと黒糖のパウンドケーキ」の8〜9(P.047)と同様に型に移し、170℃のオーブンで35〜40分焼く。

8
7に3を加える。

12
熱いうちにハケでシロップをうつ。粗熱がとれたら型を台に軽く打ちつけて生地を取り出し、網の上で冷ます。

049

4

タルト
Tarte

●シュクレ生地とブリゼ生地

この本ではタルトの土台となる生地にシュクレ生地とブリゼ生地を使っています。シュクレ生地は甘くてサクサクとした生地で、クッキー生地として用いることもできます。ブリゼ生地はパイ生地のような軽い食感で甘くない生地です。使い分けには特に決まりはなく、好みで選べばよいと思います。わたしはいつも、アパレイユや具材に特によくあうと思う方を選んでいます。

●生菓子タルトと焼き菓子タルト

タルトには土台となる生地にアパレイユやクレーム・ダマンドなどを流し込んで焼き、その上に生のフルーツやクリーム類を飾る生菓子タルトと、土台となる生地の中に具材とアパレイユやクレーム・ダマンドなどを入れて一緒に焼き上げる焼き菓子タルトの2種があります。

●「空焼き」と「共焼き」

土台となる生地を、生地だけであらかじめ焼いておき、そこにアパレイユやクレーム・ダマンドを流し込んで、再度焼く場合、土台の生地を焼くことを「空焼き(からやき)」といいます。また、土台となる生地を型に敷き込み、焼成前の生地の中にアパレイユやクレーム・ダマンドを流し入れ、生地と中身を一緒に焼くことを「共焼き(ともやき)」といいます。

●敷き込むときは、手早く

タルトづくりでは、土台となる生地を型に敷き込む「フォンサージュ」という作業がとても重要です。きれいな形に焼き上げるため、敷き込む際には生地の中のバターが溶けてしまったり、生地が薄くなったりしないように心がけましょう。

●一気にのばさない

均一な厚みにのばすこともとても重要。そのため、生地は少しずつのばしましょう。一気に薄くしようとすると、厚みにムラがでやすいです。均一な厚みになったら裏表を返し、さらに少しのばす。これを繰り返します。ただし、生地の中のバターが溶けると、おいしく焼き上がりません。手早くのばしましょう。

●生地をこまめに冷やす

のばすたびに生地を冷やすのはすこし面倒ですが、とても大切な工程です。生地が温まってやわらかくなると、ちょっとした力でものびてしまい、厚みがバラバラになったりします。また、ブリゼ生地は冷えていないと生地がのびにくく、のばすのに時間がかかってしまいます。暑い季節は特にそうですが、のしている最中でも生地がやわらかくなりすぎたら、そのつど冷蔵庫で冷やし、しっかり冷えてから次の作業を行いましょう。

052 タルト・フリュイ (→ P.056)

ぶどうのタルト（→ P.062）、ブラウン（→ P.064）

054 柑橘ジャムのスパイスタルト（→ P.068）、ナッツのタルト（→ P.072）

アメリカンチェリーのクラフティ (→ P.074) 055

タルト・フリュイ

土台はシュクレ生地にクレーム・フランジパーヌを詰めて焼いたもの。バターの風味が豊かで、生クリームとクレーム・ディプロマットの2種のクリーム、フルーツとよくあいます。

材料（直径7cm・高さ1.8cmのセルクル /6個分）

● シュクレ生地
バター… 50g
アーモンドパウダー… 13g
粉糖… 25g
全卵… 17g
薄力粉… 85g

● クレーム・ダマンド
バター… 54g
グラニュー糖… 45g
アーモンドパウダー… 54g
全卵… 50

● クレーム・パティシエール
牛乳… 170g
卵黄… 20g
グラニュー糖… 25g
薄力粉… 6g
コーンスターチ… 3g

● クレーム・フランジパーヌ
クレーム・パティシエール… 上記より100g
クレーム・ダマンド… 上記できあがり全量

● クレーム・ディプロマット
クレーム・パティシエール… 上記より約100g
生クリーム（乳脂肪分47%）… 約20g

● 仕上げ
シロップ [*1] … 適量
フランボワーズ・ジャム… 適量
生クリーム [*2] … 適量
旬のフルーツ… 適量
寒天のナパージュ（P.062）… 適量

*1：水とグラニュー糖を2：1の割合であわせ、沸かしてグラニュー糖を溶かし、冷ましたもの。
*2：P.090「ショートケーキ」のデコレーション用生クリームと同じものを使用。8分立てにする。

下準備

・バターはヘラがすっと入るやわらかさにする（P.015参照）。
・全卵や卵黄はよく溶き、冷たくない状態にしておく（P.015参照）。
・シュクレ生地のアーモンドパウダーと粉糖はあわせてふるう。
・薄力粉はすべてふるう。
・クレーム・パティシエールをつくる（P.105〜106「シュークリーム」**27**〜**38**参照。ただし、シュークリーム用のように煮つめることはしないので注意）。
・クレーム・ディプロマットをつくる（P.106〜107「シュークリーム」**39**〜**43**参照）。

シュクレ生地

1
ボウルにやわらかくしたバターを入れ、ゴムベラで混ぜて均一な状態にする。

2
あわせてふるったアーモンドパウダーと粉糖、塩を加え、ゴムベラでぎゅっと押さえるようにして、均一な状態になるまで混ぜる。

3
溶いた全卵を **2** に少量加える。ゴムベラの先をボウルの底に押しつけながらぐるぐると混ぜ、乳化させる。乳化すると、写真のように生地のふちがボウルの側面からすべり落ちるようになる。
➡ P.010「乳化させる」参照。

4
3 を繰り返して全卵をすべて加え混ぜ、写真のようにふっくらとして、しっかりと乳化した状態にする。

5
薄力粉を加え、ひとまとまりになるまでゴムベラで切り混ぜる。
➡ P.011「❶、❷、❸で返す」参照。

6
生地がまとまってきたら、ゴムベラについた生地をカードでこそげ、生地をすべてボウルの奥側にまとめる。まとめた生地をゴムベラで手前に少しずつ動かす。生地をすべて動かしたら、ボウルを半回転させ、同様に生地を移動させる。
➡ P.011「生地をなめらかにする（フレゼ）」参照。

↓
なめらかになるまで何回か繰り返す。

7
ひとまとめにしてビニールシートでくるみ、麺棒でおおまかに押さえる。

8 左右のビニールシートを下に折って生地を包む。麺棒で生地を均等な厚さにし、冷蔵庫に一晩おく。

13 麺棒を押しつけて生地をつぶす。

のし

9 ビニールシートをはがし、生地をふたつに折りたたむ。

14 少しずつ麺棒でのす。麺棒は生地の端まではあてず、手前で止める。

10 手のひらのつけ根で押してつぶす。

15 麺棒を縦に置き、**14** でのし残した生地の端をのばす。
→ 生地の端の中央（Ⓐの部分）のみをまずのす。次に、角に向かって斜めに麺棒を動かしてのす（Ⓑの部分）。反対の端も同様にしてのす。のばすときは力を入れすぎないこと。

11 かたさが均一になるようにもみほぐす。
→ かたさが均一でないと、きれいにのびない。

16 **14〜15** を繰り返し、直径10cmのセルクルで6個抜ける大きさになるまで、のす。
→ 一度にのばそうとせず、全体を少し薄くしたら生地の上下や左右を返し、またさらに全体を薄くすることを何度も繰り返して少しずつのばす。ただし、生地内のバターが溶けないよう、すばやくおこなう。

12 台に軽く打ち粉をし、生地を俵型に丸める。

17 生地が薄くなってきたら、生地を持ち上げるときは麺棒に生地を巻きつける。
→ 生地を持ち上げてひっくり返すとそこだけのびてしまい、厚みが均一でなくなる。麺棒に巻く際は、生地を台から離さずに巻き、巻き終わってから持ち上げる。

18  さらに薄くなってきたら、生地の巻きはじめはカードで生地を持ち上げて麺棒に巻きつけると、生地を引っぱらずにすむ。必要な大きさになったら、冷蔵庫で30分やすませる。

19  **敷き込み（フォンサージュ）**
シュクレ生地を直径10cmのセルクルで抜き、直径7cmのセルクルの上にのせる。
➡ セルクルと生地の中心が同じになるように置く。

20  生地の端をつまみ、型の中におおまかにたくし入れる。この段階ではきっちりと敷き込まず、生地が型に入っているだけの状態。
➡ 生地は決してひっぱらない。ひっぱって生地がのびると厚みにムラができてしまい、美しく均一な厚さに焼き上がらない。

21  生地を型の角で折り（上写真）、おこす（下写真）。これを一周分繰り返す。
➡ このときも、生地は決してのばしたりひっぱったりせず、ただ折ってはおこすことを繰り返す。

↓

22  生地を指で型の内側にぴったりと貼りつける。
➡ 力を入れすぎて生地をのばしたりひっぱったりしないこと。

23  型の角に指を入れ、生地を角まできっちりと敷き込む。このときも生地はのばさないように注意。

24  裏返して、型の端まで生地がきっちりと敷き込まれているか確認する。冷蔵庫で30分ほどやすませる。

25  型のへりの余分な生地を、小パレットナイフで切り落とす。
➡ タルト生地を持つ手の手首をひねって生地を時計回りに回し、小パレットナイフは上から下にまっすぐ引くように下ろすと余分な生地をきれいに切り落とせる。

26  底にフォークを刺して穴を開ける（ピケ）。

27

クレーム・ダマンド

やわらかくしたバターにグラニュー糖を加え、ゴムベラでぎゅっと押さえるようにして混ぜる。

28

アーモンドパウダーを加え、**27**と同様にして混ぜる。

29

28に溶いた全卵を少量加える。

↓

ゴムベラの先をボウルの底に押しつけながらぐるぐると混ぜて乳化させる
➡ P.010「乳化させる」参照。

↓

写真のように生地がボウルから浮き上がるようになったら、また全卵を少量加え混ぜる。全卵がなくなるまでこれを繰り返す。
➡ しっかり乳化してから卵を加える。混ざりきらないうちに加えると分離する。

↓

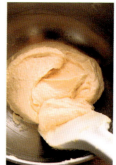

ふっくらとして弾力があり、まとまった状態になれば、混ぜ終わり。

30

クレーム・フランジパーヌ

冷やしておいたクレーム・パティシエールをゴムベラで混ぜてほぐす。クレーム・ダマンドを一度に加えて混ぜあわせ、しっかりと乳化させる。
➡ P.010「乳化させる」参照。

31

口径10mmの丸口金をつけた絞り袋にクレーム・フランジパーヌを入れ、シュクレ生地を敷き込んだ型に絞り出す。
➡ 円を描くようにして絞り、絞り終えたら、すっと真上に絞り袋を引く。

32

焼成【170℃/30分】

170℃のオーブンで約30分焼く。熱いうちにシロップをハケでたっぷりとぬり、型からはずす。

33

オーブンペーパーの上で逆さまにして冷ます。
➡ 焼成で盛り上がったクレーム・フランジパーヌのふちが平らになり、フルーツを盛りつけやすい。

34

仕上げ

フランボワーズ・ジャムをコルネに入れる。**33** が冷めたら、クレーム・フランジパーヌのふちにジャムを一周絞り出す。

35

直径10mmの丸口金をつけた絞り袋にクレーム・ディプロマットを入れ、**34** の中央に高さ3cmくらいに絞り出す。

36

クレーム・ディプロマットのまわりにフルーツを飾る。フルーツがしっかり冷えるまで冷蔵庫に入れる。
➡ フルーツはクリームを隠すようにして飾る。フルーツの角がつぶれないようにそっと扱うこと。冷蔵庫に入れるのは、この後にかける寒天のナパージュがすぐにかたまるようにするため。

37

寒天のナパージュをシリコンハケでたっぷりとたらすようにぬる。
➡ 寒天のナパージュは必ず粗熱がとれてからぬる。

38

余分なナパージュを手でつまんで取り除く。
➡ 寒天のナパージュは、かたまったら手で簡単に取りはずすことができる。

39

口径10mmの丸口金をつけた絞り袋に泡立てた生クリームを入れ、**38** の中央にこんもりと絞り出す。セルフイユをのせる。

コルネのつくり方

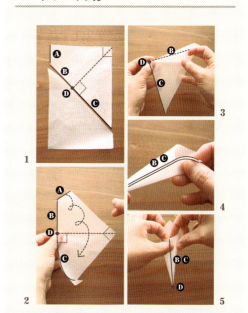

1　オーブンペーパーかグラシン紙を細長く切り、写真のように2枚に切り分ける。切ったもの1枚でコルネが1つつくれる。
2　**D**の位置を左手で持ち、右手で**A**の辺をつまんで丸める。
3　丸めているところ。**D**を頂点とした円錐ができていく。
4　丸め終わり。**B**と**C**の辺が重なるようにする。
5　端を内側に折り込み、形を固定する。使うときはジャムやクリームを中に入れ、口を折りたたんでとじ、先を切って絞り出す。

ぶどうのタルト

サワークリームを加えた生クリームがフルーツによくあいます。
ヨーグルト入りのアパレイユの土台は、しっとりとした焼き上がりで、
メロンやモモなどのやわらかいフルーツをあわせるのもおすすめです。

材料（直径7cm・高さ1.8cmのセルクル／9個分）
● シュクレ生地
「タルト・フリュイ」（P.056）と同じもの
溶き卵 … 適量

● ヨーグルト・アパレイユ
全卵 … 95g
グラニュー糖 … 30g
生クリーム（乳脂肪分47％）… 160g
ヨーグルト … 70g

● サワークリーム・シャンティイ
サワークリーム … 100g
生クリーム（乳脂肪分43％）… 100g
グラニュー糖 … 24g

● 仕上げ
ブドウ* … 適量
寒天のナパージュ
　寒天 … 1g
　グラニュー糖 … 40g
　レモン汁 … 2g
　水 … 90g
ミントの葉 … 適量

*皮をむいて食べる品種と皮ごと食べられる品種、白ブドウと黒ブドウを取り混ぜて2〜3種用意する。ここでは巨峰を湯むきして使い、皮付きのまま食べられるナガノパープルとシャインマスカットを半分にカットして使っている。

下準備
・シュクレ生地をつくり、型に敷き込んで冷凍庫でやすませる（P.057〜059「タルト・フリュイ」**1〜26**参照）。
・全卵はよく溶き、冷たくない状態にする。
・オーブンは生地の空焼き前には170℃に、焼成前には160℃に予熱する。
・サワークリーム・シャンティイをつくっておく。
*サワークリームとグラニュー糖を混ぜあわせる。生クリームを8分立てにして加え、混ぜる。

1

シュクレ生地の焼成準備
シルパットを敷いた天板にシュクレ生地を並べる。オーブンペーパーを細長く切り、生地の内側にセットする。

2

ケーキ用の耐油性の紙ケースを用意し、裏返す。
➡ 紙ケースは内側がツルツルとしていて油に強い。こちら側が生地に接するように裏返す。

3

シュクレ生地に**2**の紙ケースをのせる。

4

タルトストーンを紙ケースの上にのせる。タルトストーンの量は生地のふちまで。
➡ タルトストーンをにぎり、親指を上にして生地の上で構え、小指側からすべり落とすようにすると、入れやすい。

5

シュクレ生地の空焼き
【170℃／15〜20分】
タルトストーンを指で押し、型の角まで行き渡るようにする。170℃で15〜20分空焼きして取り出す。
➡ 角まできっちりタルトストーンをのせると、角が直角に立ち上がった美しい形に焼き上がる。

6
タルトストーンと紙ケース、オーブンペーパーを取りはずし、生地の内側にハケで溶き卵を薄くぬる。
→アパレイユの焼成では生地には火が入らない。この時点で食べておいしい状態にしておく。溶き卵は厚ぬりにならないよう、ハケをボウルのへりでしごいてからぬる。

7
170℃のオーブンに2〜3分入れ、卵を乾燥させる。
→卵をぬって焼くと、アパレイユが生地にしみこにくくなる。

8
ヨーグルトアパレイユ
材料をゴムベラで順に混ぜあわせて漉す。空焼きしたシュクレ生地からセルクルをはずし、生地のふちまでアパレイユを流し入れる。
→焼き上がると沈むので、ふちまでたっぷりと入れる。

9
アパレイユの焼成
【160℃/15分弱】
160℃のオーブンで15分弱焼き、網の上で完全に冷ます。
→ゆすってみて、液体のままの部分がなければ焼き上がり。焼けたものから取り出す。

10
サワークリーム・シャンティイ
サワークリーム・シャンティイを星口金(8切り・8番)を付けた絞り袋に入れ、ヨーグルトアパレイユの上に直径3.5cm、高さ4cmほどのらせん状に絞り出す。

11
仕上げ
ブドウを飾る。
→Ⓐは湯むきした巨峰、Ⓑは半分に切った皮付きのナガノパープル。Ⓒは半分に切った皮付きのシャインマスカット。同じ種類がサワークリーム・シャンティイをはさんで向かいあわせになるように飾る。

12
サワークリーム・シャンティイを高さ1.5cmほど絞り足す。ブドウがしっかり冷えるまで冷蔵庫に入れる。
→後からかける寒天ナパージュがすぐにかたまるよう、ブドウを冷やしておく。

13
寒天ナパージュの材料をすべて鍋に入れて沸かす。氷水にあててシリコンハケで混ぜながら冷ます。
→冷やしすぎるとかたまってしまうので、熱々でないくらいに冷ましたら氷水からはずす。

14
寒天ナパージュをブドウにたらすようにシリコンハケでたっぷりとぬる。余分な寒天ナパージュを手で取りはずし、ミントの葉を飾る。
→ブドウを冷やしておくと、寒天ナパージュはすぐにかたまる。かたまれば手で簡単に取れるので、こぼれることを気にせず、たっぷりとかける。

ブドウの湯むき

1　ブドウの尻に包丁で浅く十字に切り込みを入れる。
2　鍋に熱湯を沸かし、1のブドウをザルに入れて10秒ほどひたす。切り込みを入れた部分がめくれはじめたらすぐにあげる。
3　氷水にとる。
4　めくれたところから皮をむく。

ブラウン

ココア味のシュクレ生地の中にはバナナ入りのガナッシュ。
上には、しっかりソテーして、少しの寒天でかためたバナナを。
生クリームはたっぷり絞ると味のバランスがよいです。

材料（直径7cm・高さ1.8cmのタルトリング使用）

● ショコラ・シュクレ生地（8個分）
バター … 100g
粉糖 … 60g
塩 … 1g
全卵 … 33g
A
　薄力粉 … 150g
　アーモンドパウダー … 20g
　ココアパウダー … 18g

● ビスキュイ・サンファリーヌ
　（30×30×高さ3cmのロールケーキ天板1枚分）
ダークチョコレート（カカオ分64%）… 80g
バター … 40g
卵白 … 85g
グラニュー糖 … 24g
卵黄 … 40g

● キャラメルソース（つくりやすい分量）
グラニュー糖 … 70g
生クリーム（乳脂肪分38%）… 150g

● 寒天バナナ（10個分）
グラニュー糖 … 70g
水 … 50g
バター … 7g
バナナ（大）… 2本
A
　粉寒天 … 1g
　グラニュー糖 … 40g
　レモン汁 … 2g
　水 … 90g
ウイスキー（シーバスリーガル）… 2g

● バナナのガナッシュ（10個分）
ダークチョコレート（カカオ分64%）… 60g
ミルクチョコレート（カカオ分38%）… 60g
生クリーム（乳脂肪分38%）… 106g
バナナ … 80g
レモン汁 … 6.5g
ウイスキー（シーバスリーガル）… 6.5g

● 仕上げ（8個分）
生クリーム（乳脂肪分38%）… 100g
生クリーム（乳脂肪分47%）… 100g
グラニュー糖 … 12g
ナッツのキャラメリゼ（P.072）… 適量
ココアパウダー … 少量

下準備
・バターはヘラがすっと入るやわらかさにする（P.015参照）。
・全卵はよく溶き、冷たくない状態にしておく（P.015参照）。
・Aはあわせてふるう。
・板状のチョコレートを使う場合はきざむ。
・卵白はボウルに入れ、冷蔵庫でふちがしゃりしゃりになるまで冷やす。
・バナナ、レモン汁、ウイスキーは冷たくない状態にする。

余ったパーツでグラスデザート

上記分量でつくると、ビスキュイ・サンファリーヌとバナナのガナッシュが余る。余ったパーツでグラスデザートがつくれる。ビスキュイ・サンファリーヌは好みの大きさに崩してグラスの底に。ガナッシュは一部を泡立てた生クリームと混ぜあわせてムースにし、ビスキュイの上に流す。さらに、ガナッシュを流し、生クリームを絞る。キャラメルクリーム、ナッツのキャラメリゼが余っていれば、生クリームの上にかけ、ココアパウダーをふればできあがり。

1

ショコラ・シュクレ生地

「タルト・フリュイ」のシュクレ生地のつくり方 **1〜4**（P.057）と同様に、バター、粉糖、塩、全卵を混ぜあわせる。あわせてふるった **A** を加え、ゴムベラで切り混ぜる。
➡ P.011「❶、❷、❸で返す」参照。

2

生地がまとまってきたら、ゴムベラについた生地をカードでこそげ、生地をすべてボウルの奥側にまとめる。まとめた生地をゴムベラで手前に少しずつ動かす。生地をすべて動かしたら、ボウルを半回転させ、同様に生地を移動させる。
➡ P.011「生地をなめらかにする（フレゼ）」参照。

↓

これを何回か繰り返し、なめらかな状態にする。ビニールシートに包んで一晩冷蔵庫でやすませる。

3

厚さ 1.5〜2mm にのし、冷蔵庫でやすませる。型に敷き込み、空焼きする。
➡「タルト・フリュイ」**19〜26**（P.059）、「ぶどうのタルト」**1〜7**（P.062〜063）参照。

4

ビスキュイ・サンファリーヌ

天板にオーブンペーパーを敷き、その上に「純生ロールケーキ」（P.080）を参考にして、ロール紙を敷く。
➡ 薄くてもろい生地なので、天板の底にロール紙がくっつくと、はがすときに生地が崩れる。念のためオーブンペーパーを敷くと安心。

5

ボウルにチョコレートとバターを入れて湯煎にかけて溶かし、ゴムベラで混ぜて乳化させる。
➡ P.010「乳化させる」参照。

6

なめらかな状態になったら混ぜ終わり。そのまま湯煎にかけておき、温かい状態を保つ。

7

別のボウルに卵白とグラニュー糖を入れる。高速のハンドミキサーで泡立て、やわらかく、のびのあるメレンゲをつくる。
➡ 卵白はふちがしゃりしゃりになるくらいまで冷凍庫で冷やしたものを使う。

8

7 に溶いた卵黄を加え、ハンドミキサーの羽2本を手に持ってぐるぐると混ぜる。

9

軽く混ざったら、**6** を加えてゴムベラでやさしくすくい混ぜる。
➡ **6** は冷えるとチョコレートがかたまってしまい、うまく混ざらない。混ぜるときは気泡をつぶさないように注意。

10

ムラなく混ざったら天板に流し入れる。

11

ビスキュイ・サンファリーヌの焼成【180℃/15分】

「純生ロールケーキ」の **13〜15**（P.082）を参考に、生地の表面をならす。180℃のオーブンで15分焼く。型からはずして網の上で粗熱をとり、冷凍庫で冷やす。

12

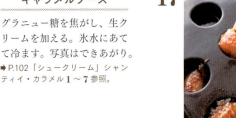

キャラメルソース

グラニュー糖を焦がし、生クリームを加える。氷水にあてて冷ます。写真はできあがり。
➡ P.102「シュークリーム」シャンティイ・カラメル **1**～**7** 参照。

13

寒天バナナ

フライパンを中火にかけて温め、グラニュー糖を少しずつ入れて溶かす。グラニュー糖がすべて溶けたら、そのまま焦がしてゆく。
➡ フライパンに手をかざし、温かく感じるようになったらグラニュー糖を入れる。

↓

ほどよく焦げたら、火を止めて水を加え混ぜる。

14

強火にし、バターを加えて溶かす。

15

バナナは皮をむいて縦半分に切り、5～6cm の長さに切る。**14** に加え、強火で煮る。カラメルにとろみがついてきたら、バナナをひっくり返す。
➡ 弱火で長く煮るとバナナがぐずぐずに溶けてしまう。焦げやすいので、たまにフライパンをゆする。

16

バナナの角がとれてカラメルがからんだら、バットに取り出す。

17

直径 4cm のフレキシパンにフォークでバナナを 2 切れずつ入れる。
➡ バナナは断面が下になるようにして入れる。

18

A をあわせて沸かす。火を止めてウイスキーを加える。これを **17** のバナナの下に流し込む。
➡ バナナをフォークで刺して持ち上げ、その下に流し込むとよい。

19

フォークでバナナを押し、**18** で流し込んだ寒天液が型のふちまで達していなかったら、ふちの高さまで足す。冷凍庫で冷やしかためる。

20

バナナのガナッシュ

ボウルにチョコレート 2 種を入れて湯煎にかける。溶けたら湯煎からはずし、鍋肌がふつふつと沸くくらいに温めておいた生クリームを少量加える。
➡ チョコレートを湯煎にかけている間に生クリームを温める。

21

ざらっとした状態になるまで、泡立て器でよく混ぜる。

22

残りの生クリームを 2～3 回に分けて加え、そのつど泡立て器でなめらかになるまでよく混ぜ、しっかりと乳化させる。

066

23
バナナ、レモン汁、ウイスキーをあわせ、ハンドブレンダーでピュレ状にする。**22**に加える。

28
バナナのガナッシュをショコラ・シュクレ生地のふちぎりぎりの高さまで流し入れ、冷蔵庫に一晩おく。
➡冷やすと沈むので、たっぷりと入れる。

24
泡立て器を垂直に持ち、静かに手早く混ぜる。

29
寒天バナナをフレキシパンから抜く。

25
混ざったら、ゴムベラに持ちかえ、全体が均一でなめらかな状態になるよう、しっかりと混ぜて乳化させる。
➡P.010「乳化させる」参照。

30
29を**28**の上に置く。中央ではなく端に置き、後で生クリームを絞るスペースをあけておくこと。

26

組み立て
キャラメルソースをコルネに詰める。空焼きしたショコラ・シュクレ生地の底に、キャラメルソースをうずまき状に絞る。
➡コルネのつくり方（P.061）。

31
ボウルに生クリームとグラニュー糖を入れて8分立てに泡立てる。星口金（8切り・8番）を付けた絞り袋に入れ、**30**に絞る。

27
ビスキュイ・サンファリーヌを直径5cmの抜き型で抜いて**26**のショコラ・シュクレ生地の底に敷き、軽く押さえてショコラ・シュクレ生地と密着させる。
➡生地は冷やしておくと、抜きやすい。

32
生クリームの上にナッツのキャラメリゼをふり、ココアパウダーを茶漉しでふる。タイムを飾る。

柑橘ジャムのスパイスタルト

柑橘ジャムのほんのりと感じられる酸味と苦みが、
ブリゼ生地とクレーム・ダマンドのバターの風味にとてもよくあいます。
カルダモンとナッツで香りと食感にアクセントをつけています。

材料（直径18cm・高さ3cmのタルト型 /1台分）
● ブリゼ生地
卵黄 … 5g
水 … 23g
塩 … 2g
グラニュー糖 … 5g
バター … 75g
薄力粉 … 113g
強力粉 … 3g

● クレーム・ダマンド
バター … 60g
グラニュー糖 … 50g
アーモンドパウダー … 60g
全卵 … 55g
A
　全粒粉 … 10g
　薄力粉 … 5g
　カルダモンパウダー … 少量

● クランブル
バター … 25g
薄力粉 … 20g
B
　グラニュー糖 … 20g
　全粒粉 … 10g
　アーモンドパウダー … 20g
　カルダモンパウダー … 少量
　塩 … ひとつまみ
スライスアーモンド … 10g

● 仕上げ
柑橘のジャム（好みのもの）… 60g
粉糖、ピスタチオ … 各適量

下準備
・Aはあわせてふるう。
・ピスタチオは160℃で5〜6分ローストし、きざむ。

ブリゼ生地

1
卵黄に水を加えて混ぜ、次に塩とグラニュー糖を加えて溶かし混ぜる。冷蔵庫で冷やしておく。
➡ 先に塩やグラニュー糖を入れると黄身ぶしと呼ばれるダマができてしまう。

2
バターは1cm角の棒状に切り、薄力粉とともにボウルに入れて、粉をまぶす。

3
2のバターを粉をまぶした状態で台に出し、1cm角に切る。
➡ 粉をまぶしてから角切りにすると、ベタつきにくく、切りやすい。

4
薄力粉とともにボウルに戻し、ふたたび粉をまぶす。冷凍庫でよく冷やす。

5
フードプロセッサーに入れて回す。バターが全体にまわり、黄色っぽくてしっとりとした感じになったらボウルに取り出す。

6  1を一気に加え、ゴムベラで手早く切り混ぜる。
→手早く混ぜて、全体にまんべんなく吸水させる。P.011「❶、❷、❸で返す」参照。

11  生地を麺棒でのし、約30度ほど回す。これを手早く繰り返して少しずつのばしていく。
→回す角度が大きかったり、一気に薄くしようとすると四角くなってしまう。

7  液体が見えなくなったら指先でこすりあわせる。ひとまとまりになるまで混ぜる必要はなく、ぽろぽろとした粉っぽい部分がなくなればよい。

12  生地が薄くなってきたら、やぶけないように気をつけながら生地を回し、麺棒を全体にまんべんなく動かし、厚みを均等にする。途中、生地をときどき裏返しながらのばす。また、生地が麺棒や台にくっつかないよう、少量の手粉（強力粉）をふる。
→裏返し方はP.058〜059「タルト・フリュイ」17〜18参照。

8  ビニールシートに取り出し、包んでひとまとめにする。

↓

9  麺棒で押さえて厚さ2cmくらいにのばす。冷蔵庫で一晩やすませる。
→やすませている間に粉の吸水がすすみ、全体がなじんで作業しやすくなる。

13  直径28cmくらいまでのばす。冷蔵庫で30分以上やすませる。
→ブリゼ生地はちぢみやすいので、大きめにのす。生地に型をのせ、両端をつまみ上げたときに、型のふちよりも2cmほど余るくらいの大きさがちょうどよい。

10

のし
ブリゼ生地の角を軽く台に押しつけ、生地をまるい形にする。

14

敷き込み（フォンサージュ）
生地を型にのせ、生地の端を立てて、型の中に入れる。
→生地をのばさないように注意する。まずはおおまかに型の中に入れるだけでよい。

069

入れ終えたところ。

型を30度ほど回し、同様に麺棒をあてる。これをもう1〜2回繰り返す。
➡ 型の手前や奥まで麺棒をあてると、ひっくり返してしまうことがある。麺棒をあてては型を30度回すことを3〜4回繰り返すと、一周すべてに麺棒をあてることができる。

15
生地を型の角で折り（上写真）、折った生地をおこす（下写真）。これを一周分、繰り返す。
➡ 生地を型に押しつけてつぶすと、そこだけが薄くなってしまう。ここでは、ただ折りたたんではおこすのみで、敷き込む。

18
余分な生地を取り除く。

19
型の角に指をあて、生地を型の側面にぴったりと貼りつける。
➡ このときも生地はつぶさずに、貼りつけるだけ。

型の角ぴったりのところ（指で示しているあたり）で生地を折ることが、きれいに敷き込むポイント。

20
型を持ち、ひとさし指の側面を生地にきゅっと押しあて、生地と型の間の空気を抜く。
➡ 生地が型のふちよりもやや上にはみ出るくらいの強さで押す。

16
余り生地を型の外側に倒す。

21
フォークで生地の底にまんべんなく穴を開ける（ピケ）。生地がかたくなるまで冷凍庫におく。生地がかたくなったら、いったん生地を型からはずし、型の底を取りはずし、生地を型に戻す。
➡ 空焼きする場合は型から底をはずさなくてよい。

17
麺棒を型の中央（写真点線）だけにあてて転がす。

22

クレーム・ダマンド

「タルト・フリュイ」クレーム・ダマンド **27**〜**29**（P.060）を参考にして、**A**以外の材料を混ぜる。

23
あわせてふるった **A** を加えて混ぜる。

24
生地がまとまってきたら、ゴムベラについた生地をカードでこそげ、生地をすべてボウルの奥側にまとめる。まとめた生地をゴムベラで手前に少しずつ動かす。生地をすべて動かしたら、ボウルを半回転させ、同様に生地を移動させる。
➡ P.011「生地をなめらかにする（フレゼ）」参照。

なめらかな状態になったら混ぜ終わり。

クランブル

25
バターはブリゼ生地と同様に1cm角に切り、薄力粉とともに冷凍庫にかたくなるまで入れる。フードプロセッサーに **B** とともに入れてまわす。

26
スライスアーモンドは手でくだく。

27
25 に **26** を混ぜる。この状態で冷凍保存可能。

組み立て

28
天板にシルパンを敷き、ブリゼ生地を敷きこんだ型をのせる。クレーム・ダマンドを2/3量入れ、ゴムベラですき間ができないようにふちまで広げ、表面をならす。

29
柑橘のジャムを中央にまるく広げ、残りのクレーム・ダマンドを重ねる。ゴムベラで表面をならす。
➡ クレーム・ダマンドが柑橘のジャムと多少混ざってもかまわない。

焼成【170℃ / 35〜40分】

30
クランブルをまんべんなくのせ、170℃のオーブンで35〜40分焼く。
➡ クランブルがのっていないところがあると、そこだけが焦げてしまう。

31
型からはずして網の上で冷ます。粗熱がとれたら茶漉しで粉糖をふる。

32
ローストしてきざんだピスタチオをちらす。

ナッツのタルト

シュクレ生地にクレーム・ダマンドを詰め、いろいろなナッツをたくさんのせて焼き上げたタルト。心地よい歯ざわりになるよう、ナッツのかたさによってカットする大きさを変えてみました。

材料（直径18cm・高さ2cmのタルトリング1台分）
- シュクレ生地
  「タルト・フリュイ」（P.056）と同じもの

- クレーム・ダマンド
  バター…54g
  グラニュー糖…45g
  アーモンドパウダー…54g
  全卵…50g
  薄力粉…13g

- ナッツの糖衣がけ
  グラニュー糖…30g
  水…10g
  アーモンド（ホール）…15g
  ヘーゼルナッツ（ホール）…15g
  ピスタチオ…15g

- ナッツのキャラメリゼ
  グラニュー糖…100g
  水…75g
  ピーカンナッツ…30g
  クルミ…30g

- 仕上げ
  ピスタチオ…適量

下準備
- シュクレ生地をつくる（P.057〜058「タルト・フリュイ」**1〜8**参照）。
- シュクレ生地をのして型に敷き込み（P.069〜070「柑橘ジャムのスパイスタルト」**10〜21**参照）、冷凍庫で30分ほどやすませる。
- クレーム・ダマンドをつくる（P.060「タルト・フリュイ」**27〜29**参照）。
- 全卵はよく溶いて、冷たくない状態にしておく。
- オーブンは170℃に予熱する。

1

ナッツの下処理

ヘーゼルナッツとアーモンドは軽くローストしておく（170℃で5〜10分）。ピーカンナッツ、クルミ、ピスタチオ、アーモンドは半割りに、ヘーゼルナッツは4分割にしておく。

2

ナッツの糖衣がけ

小さめの鍋にグラニュー糖と水を入れて火にかけ、117℃に熱してシロップをつくる。別鍋にナッツを入れて、できたての熱いシロップを注ぐ。シロップが白く結晶化するまで木ベラで混ぜる。
➡ ナッツが冷たいとシロップが冷えて飴状にかたまってしまう。ローストしたての温かいものを使い、かたまってしまったら中火にかけて温めながら混ぜるとよい。

3

ナッツのキャラメリゼ
【170℃ / 10〜15分】

グラニュー糖と水をあわせてひと煮立ちさせ、シロップをつくる。そこにナッツをひたし、一晩おく。シロップをきり、オーブンシートを敷いた天板に広げ、170℃のオーブンで10〜15分焼く。

4

組み立て

天板にシルパンを敷き、型に敷き込んだシュクレ生地をのせる。クレーム・ダマンドをゴムベラで型のふちまでぴっちりと詰める。
➡ すき間ができないよう、空気を抜きながら広げる。

5

ナッツのキャラメリゼをクレーム・ダマンドに埋め込むようにして等間隔に入れていく。
➡ ナッツのキャラメリゼは表面に出ていると焦げやすいので、必ずクレーム・ダマンドに埋めこむ。

6

5のナッツのすき間にナッツの糖衣がけをまんべんなくのせる。すべてのせたら、手のひらで軽く押さえてクレーム・ダマンドとなじませる。
➡ どこでカットしても、ナッツが全種類まんべんなく入るようにのせる。ナッツの糖衣がけは埋め込まず、表面にのせるのは、焼成によって糖衣を軽くキャラメリゼさせたいから。

7

焼成【170℃/40分】

170℃で約40分焼く。天板にのせたまま型をはずし、そのまま冷ます。冷めたら、粉糖を茶漉しでふる。

073

アメリカンチェリーのクラフティ

アメリカンチェリーはオーブンで焼くと甘さも酸味も濃縮されて、とてもおいしくなります。旬にはぜひフレッシュのアメリカンチェリーを使ってみてください。

材料（直径18cm・高さ3cmのタルト型/1台分）
● ブリゼ生地
「柑橘ジャムのスパイスタルト」（P.068）と同じもの
全卵 … 適量

● 具材
アメリカンチェリー … 約23粒

● アパレイユ
全卵 … 90g
グラニュー糖 … 60g
コーンスターチ … 5g
生クリーム（乳脂肪分47％）… 120g

● 仕上げ
粉糖 … 適量

下準備
・ブリゼ生地をつくってのし、型に敷き込む（P.068〜070「柑橘ジャムのスパイスタルト」**1〜21**参照）。
・オーブンはブリゼ生地の空焼きの前には200℃に、具材の焼成前とクラフティの焼成前には170℃に予熱する。
・全卵はよく溶いて、冷たくない状態にしておく。
・生クリームは冷たくない状態にしておく。

1

空焼き❶
【200℃/15〜20分】

ブリゼ生地にオーブンペーパーをのせ、タルトストーンを型の高さまでのせる。
➡ オーブンペーパーは何度も使えるので、一度使ったものを取っておくとよい。

2

型の角までまんべんなくタルトストーンがのるよう、手で押さえる。200℃のオーブンで15〜20分、空焼きする。
➡ タルトストーンをのせただけだと生地の角が浮き上がり、アパレイユが少ししか入らなくなる。角までのせるために、手で押さえるひと手間が重要。

3

焼き上がったらすぐにタルトストーンとオーブンペーパーをはずす。タルト生地が熱いうちに、よく溶いた全卵をハケで生地の内側に薄くぬる。
➡ 卵をぬるときは、全卵を溶いたボウルのへりでハケをしごき、厚ぬりにならないようにする。

4

空焼き❷
【200℃/3〜5分】

ふたたびオーブンに入れ、こんがりとツヤのある状態になるまで3〜5分焼く。
➡ アパレイユを流しこんで焼成するときには、生地に火が入らない。この段階で食べておいしい状態に焼き上げる。

5

具材の焼成【170℃/15分】

アメリカンチェリーは種のまわりにくるりと包丁を入れ、実をひねって二つ割にし、種をくり抜く。オーブンペーパーを敷いた耐熱皿に断面を上にして並べ、170℃のオーブンで15分ほど焼く。

➡焦がさないよう注意し、種のあったところに果汁がたまるまで焼く。

6

アパレイユ

ボウルに全卵を溶き、グラニュー糖を加えて泡立て器で混ぜる。コーンスターチをふるい入れて混ぜる。最後に生クリームを加え混ぜ、漉す。

➡コーンスターチのダマが残ることがあるので、必ず漉して取り除く。

7

仕上げ

ブリゼ生地にオーブンで加熱したアメリカンチェリーを並べ、アパレイユを型のふちまで流し込む。

➡アメリカンチェリーは断面が上になるように並べる。

8

焼成【170℃/20〜30分】

茶漉しで粉糖をふり、170℃で20〜30分焼く。

➡粉糖をふると、焼き目がつきやすい。

9

天板にのせたまま粗熱をとり、冷蔵庫でよく冷やしてから食べる。

075

5

スポンジ

Génoise et Biscuit

●スポンジ生地の2つの製法

この本では共立て法でつくるジェノワーズ生地と別立て法でつくるビスキュイ生地の2種類をご紹介します。どちらも主な材料は卵、小麦粉、砂糖で、製法の大きなちがいは卵の扱いにあります。共立て法では全卵を泡立てたところに小麦粉を加えますが、別立て法では卵黄と卵白をそれぞれ別々に泡立ててから混ぜあわせ、小麦粉を加えます。共立て法でつくるジェノワーズ生地はしっとりとした焼き上がりに、別立て法でつくるビスキュイ生地はふわっと軽い焼き上がりになります。

●ジェノワーズ生地の卵は、必ず湯煎で温める

全卵は卵黄が加わる分、卵白にくらべて泡立ちにくいため、湯煎で40℃くらいに温めてから泡立てます。温めると表面張力がゆるみ、より泡立ちやすくなるからです。ちなみに、卵が新鮮なほど、表面張力は強く、泡立ちにくくなります。温めてから泡立てたものとそうでないものをくらべると、温めてから泡立てたもののほうがふんわりとボリュームがあり、卵が抱きこんでいる気泡の量があきらかに多いのがわかります。必ず、湯煎にかけて温めながら泡立てましょう。

●ボリュームをだし、きめをととのえる

ジェノワーズ生地の全卵を泡立てるとき、まずはハンドミキサーの速度を高速にし、しっかりとボリュームをだします。卵がたっぷりと気泡を抱きこんだら、低速にしてきめをととのえます。高速で泡立てた卵には、大小さまざまな大きさの気泡が含まれています。大きな気泡はこわれやすいため、そのままだと生地のボリュームが少しずつ減っていってしまいます。低速で静かに泡立てることで泡が細かく均一な大きさになり、しぼみづらいしっかりとした生地になるのです。

●ビスキュイ生地は冷やした卵白を使う

ビスキュイ生地をつくるときは、卵白をしっかりと泡立て、ピンとツノが立ったボリュームのあるメレンゲをつくることが重要。そのため、卵白はよく冷やしておきます。冷たい卵白は泡立つまでに時間がかかるのですが、細かくてこわれにくい、しっかりとした気泡のメレンゲができます。
また、卵黄をあわせるときは手早く、粉を混ぜるときにはやさしく混ぜて、気泡をなるべくこわさないようにすることで、保形性のある生地となり、絞り出した形のまま焼き上げることができます。

078 純生ロールケーキ (→ P.080)

フルーツのロールケーキ (→ P.086)

純生ロールケーキ

生クリームと生地とが口の中でとけるようなロールケーキです。
全卵をしっかりと泡立ててきめ細かい気泡をつくるのがポイント。
焼きすぎに注意してしっとりと口どけのよい生地をつくりましょう。

材料（30×30×高さ3cmのロールケーキ用天板/1枚分）
● ジェノワーズ生地
全卵 … 180g
グラニュー糖 … 90g
薄力粉 … 83g
牛乳 … 30g

● 巻き込み用生クリーム
生クリーム（乳脂肪分38％）… 80g
生クリーム（乳脂肪分47％）… 80g
グラニュー糖 … 13g

● 組み立て
シロップ* … 20g
キルシュ … 2g
粉糖 … 適量
＊水とグラニュー糖を2:1の割合であわせ、沸かしてグラニュー糖を溶かし、冷ましたもの。

下準備
・全卵はよく溶き、冷たくない状態にする。
・薄力粉はふるう。
・牛乳は冷たくない状態にする。
・シロップとキルシュをあわせる。

ジェノワーズ生地

1 ボウルに溶いた全卵を入れ、グラニュー糖を加える。湯煎にかけ、泡立て器で混ぜながら、温める。
➡ 全卵の温度が高すぎると気泡が粗くなってしまう。

2 ハンドミキサーの高速で泡立てる。最初はかさが少ないので、ボウルをかたむけて泡立てる。

3 かさが増えたらボウルを元に戻し、ボウルの中に大きな円を描くようにハンドミキサーを動かしながら泡立てる。
➡ ハンドミキサーでボウルの中に大きな円を3回描くごとにボウルを手前に1回転させる。ハンドミキサーとボウルをどちらも動かすことで、全体をまんべんなく泡立てることができる。

天板に紙を敷く

1 ロール紙を天板にあて、天板の高さで折って印をつける。印をつけた長さ、幅で切り、ロール紙を天板の高さぴったりにおさまる大きさに切る。
2 天板に紙を入れ、底の4辺を指先でなぞって印をつける。
3 紙の四隅に斜めに切り込みを入れる。
4 天板に紙を戻し入れ、1辺の両端が、どちらも内側になるか、どちらも外側になるようにして重ねる。そうすることで焼成後に生地からロール紙がはがしやすくなる。
5 再度、天板の底の4辺を指でなぞり、ロール紙を天板の隅まで敷く。最後に、天板の角に指を差しこみ、きっちりと折り目をつける。

4

たらしてすぐにスジが消える（上写真）ようなら、さらに泡立てる。たらしたときに、しっかりとスジが残るようになったら立て終わり（下写真）。**2**からここまでの泡立て時間は計3〜5分ほど。

➡ 湯煎で温めたとき（**1**）、卵の温度が低かったり、その後の泡立てでハンドミキサーを動かす速度がゆっくりだったりすると5分以上かかる。時間はあくまで目安。状態をよく見て判断すること。

↓

5

低速にして、ツヤがしっかりと出るまで、さらに2〜3分泡立てて、気泡のきめをととのえる。

6

ふるった薄力粉を2回に分けて加え（上写真）、そのつどゴムベラで手早くすくい混ぜる（下写真）。粉が見えなくなったら混ぜ終わり（右上写真）。

➡ ボウル手前の左半分だけを使い、ゴムベラをボウルの底にさしこんですくい混ぜる。気泡がつぶれないようにやさしく、ダマができないように手早く混ぜる。ゴムベラでボウルの底をしっかりとかくことができていれば、ヘラが重く感じられるようになり、粉が混ざりきるとふっと軽くなる。P.011「半径で混ぜる」参照。

↓

↓

7

混ぜる手がふっと軽くなったらはじめてボウルにそってぐるっと一周ゴムベラを動かし、そのままの流れで生地を返し、粉の混ざり残りがないか確認する。

8

別のボウルに牛乳を入れ、**7**の生地をゴムベラで少量すくって加える（上写真）。ハンドミキサーの羽でよく混ぜる（下写真）。

➡ 牛乳は生地を少量加えると比重が軽くなり、生地に混ぜたときに沈みにくくなる。また、少ない回数で混ぜ終えることができ、気泡がつぶれにくい。牛乳に生地を加えるとき、ゴムベラの先に粉のかたまりがついていたら、ボウルのへりでこそげて取り、溶きのばして生地に混ぜる。

↓

9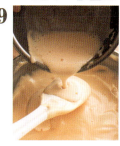

8を**7**にやさしく加える。
➡ 気泡がつぶれないよう、ゴムベラを伝わせて加える。

081

10

ゴムベラでやさしく混ぜる。まず、ゴムベラを生地にさしこんで矢印のように右から左に動かし、同時に左手でボウルを手前に半回転させる（上写真）。次に、ゴムベラで生地をすくい上げ（下写真）、すくい上げたその流れでゴムベラをもとの位置に戻す。
➡ 牛乳を加えた後は特に気泡が消えやすいので、効率よく、なるべく少ない回数でやさしく混ぜる。

11

10を10〜15回繰り返し、均一な状態になるまで混ぜる。

12

焼成【190℃ / 10分】
ロール紙を敷いた天板にジェノワーズ生地を流し込む。

13

カードで生地を広げる。
➡ カードは垂直に立てて持ち、天板を四等分した線上にそって生地にさし込む。そのとき、カードの片端は天板の中心にあわせる（上写真）。天板の角に向かってカードを半回転させるように動かして生地を広げる（下写真）。最後はカードの端が天板の角に当たるまで動かし、角まできっちり生地を広げる（右上写真）。これをほかの3つの角でも繰り返す。

14

カードを寝かせ、1辺ずつ平らにならしていく。
➡ カードは親指が上になるように持つと寝かせやすい。また、カードの角が天板をかするように動かすと端まできれいにならせる。

15

天板を手のひらに数回軽く落とし、大きな気泡を抜く。

16

190℃で10分焼く。焼けたらすぐに板の上に出し、粗熱をとる。
➡ 手のひらで押さえてみて、弾力を感じるようであれば焼き上がり。板の上で冷ますと、生地が蒸れて、よりしっとりとする。

17

粗熱がとれたら、ジェノワーズ生地の側面のロール紙をはがす。
➡ 生地がやわらかいので切れてしまわないよう注意する。

18

ジェノワーズ生地よりもひとまわり大きく切ったロール紙をのせる。

19

型の底に敷いたロール紙の端と **18** でのせたロール紙の奥側の端を一緒に持ち（上写真）、さっと持ち上げて生地をひっくり返す（下写真）。

➡ やわらかい生地には手をふれず、紙だけを持ち上げて生地をひっくり返す。

↓

20

型の底のロール紙をはがす。生地の下に両手を入れ（写真）、さっと持ち上げて生地を再度ひっくり返す。

21

キルシュを加えたシロップをシリコンハケで軽く打つ（アンビバージュ）。

➡ しっとりとした生地なので、たくさんは打たなくてよい。

22

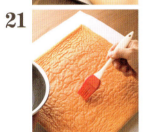

巻き込み用生クリーム

ボウルに乳脂肪分38％の生クリームとグラニュー糖を入れる。氷水にあて、ハンドミキサーで7分立てにする。

➡ 泡立てはじめは中速で混ぜ、濃度がついたら（とろみが出てきたら）高速にすると生クリームが飛びちりにくい。

23

乳脂肪分47％の生クリームを加える。

24

ハンドミキサーの羽を手に持って全体をなじませる。全体がなじんだら、ハンドミキサーの高速で泡立て、たらすとスジがすぐに消えるくらいのやわらかさにする（6〜7分立て）。氷水にあてたままおいておく。

25

生地にぬる直前に泡立て器でちょうどよいかたさに泡立てる。かたさの目安は、すくい上げると泡立て器のワイヤーの中に落ち、中にとどまるくらい。

26

生クリームをぬる

生地の中央に生クリームをのせる。

27

まず、生クリームをパレットナイフで左に広げる。

➡ 生地の端から1cmほどはぬり残す（写真の〇で囲った部分）。

↓

➡ 左の端に寄せたクリーム（上写真の〇で囲った部分）を反対の端に向かってならす。上写真同様に生地の端から1cmほどぬり残してパレットナイフを返し、クリームを中央に向かってならす。

28

右上に広げる。

➡ パレットナイフについた生クリームを生地の端ですりきるようにし、そのまま生地の向こうに向かってパレットナイフをすっと抜き、抜ききる瞬間にほんのすこし手前に返すようにしてテンポよく動かすとクリームがたれにくい。クリームがゆるかったり、抜いて返すスピードが遅いと生地の外にクリームがたれる。

29 右下に広げる。

30 中央上に広げる。

31 中央下にも広げる。その後、左上、左下にも広げる。

32 最後にパレットナイフで全体を平らにならす。
➡ パレットナイフは大きく動かして広い範囲をならす。

巻く

33 生地の手前にペティナイフで深さ数mmの切り込みを1cm間隔で3本入れる。

34 ロール紙の端を持ち上げ（左写真）、1本目の切りこみで折り曲げて押さえる（右上写真）。
➡ ここで押さえたところを芯にして巻いていく。

35 ロール紙をはずし、生地を指先でしっかりと丸める。

36 ふたたびロール紙の端を持ち、生地を締めるようにしてロール紙を奥に引っぱり、生地を少し丸める。

37 ロール紙をはずし（上写真）、生地を指先でしっかりと丸める（中〜下写真）。
➡ 2〜3本目の切り込みを巻き終わったところ。この時点で生地が1回巻かれた状態になる。

38

ロール紙の端を持ち、奥にむかって引っぱって生地を一気に丸める。
→ロール紙は上には持ち上げない。常にピンと張った状態にし、生地が浮かないようにしっかり締めながら、台と平行に引っぱる。

42

カッティング

波形ナイフは切るたびに熱湯にひたして温め、水気をきっちりとふいてから使うと、クリームや生地がナイフにつきにくく、断面が美しく切れる。

43

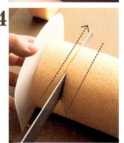

ケーキの端を切り落とす。定規ではかって3.5cmおきにペティナイフで浅く印をつける。

39

生地を巻き終えたら、ロール紙で生地を巻いて締め、生地とクリームを密着させる。

44

断面にカードをあてながら、43で印をつけたところで切る。
→ナイフは刃先から入れて大きく押しながら切り、刃元までいったら手前に大きく引きながら切る。1〜2往復で1切れをカットする。

40

ロール紙をはずして生地を転がし、生地とクリームを密着させる。巻きがゆるいようなら手前に引きながらきつく巻きなおす。

45

ロール紙の端まで転がし、巻き終わりが下になるようにする。

切ったケーキを移動させるときは断面にカードをあてたまま、下にナイフを差し込んで動かすと崩さずに動かせる。指は添えるだけ。力を入れると生地にあとがついてしまう。

41

ロール紙で巻き、左右をねじってとじる。巻き終わりが下になるようにして冷蔵庫に1時間ほどおき、生地とクリームをなじませる。
→巻き終わりを下にすることで、生地の端が密着し、きれいな形になる。

フルーツのロールケーキ

卵黄と卵白を別々に泡立ててからあわせてつくるビスキュイ生地は、
さっくりと軽やか。つくりたての食感がとても好きです。
焼成前にふる粉糖が多いと巻くときに割れやすくなるので気をつけましょう。

材料（30×30×高さ3cmのロールケーキ天板/1枚分）
● ビスキュイ生地
卵黄 … 60g
グラニュー糖Ⓐ … 30g
卵白 … 120g
グラニュー糖Ⓑ … 60g
薄力粉 … 90g

● 組み立て
シロップ*1 … 40g
キルシュ … 2g
巻き込み用生クリーム …
　「純生ロールケーキ」（P.080）と同じもの
フルーツ*2 … 適量

*1：水とグラニュー糖を2:1の割合であわせ、沸かしてグラニュー糖を溶かし、冷ましたもの。
*2：好みのものを用意する。ここではキウイ、イチゴ、オレンジを約1cm角に切って使用。

下準備
・薄力粉はふるう。
・シロップにキルシュを混ぜる。
・生クリームを泡立てる（P.083「純生ロールケーキ」**22〜25**参照）。
・天板にロール紙を敷く（P.080参照）。

➡ 卵白はボウルに入れて冷凍庫におき、ふちがシャリシャリした状態になるまで冷やす。卵白をしっかりと冷やすと泡立ちにくくなるが、つぶれにくいしっかりとした気泡ができる。

1

ビスキュイ生地

ボウルに卵黄とグラニュー糖Ⓐを入れ、ハンドミキサーの羽を手に持ち、混ぜてなじませる。

2

1をハンドミキサーの高速で白くもったりするまで泡立てる。混ぜている途中、ハンドミキサーのスジがくっきりと出るようになったら立て終わり。

➡ 卵黄にたっぷりと泡を含ませ、比重をメレンゲに近づけて混ざりやすくする。

3

ふちがシャリシャリの状態になるまで冷やしておいた卵白に、グラニュー糖Ⓑのうち、ひとつまみを加える。白っぽくなるまで高速のハンドミキサーで泡立てる。グラニュー糖の残りはこの後、3回に分けて加える。

➡ ボウルをかたむけて泡立てるとよい。

4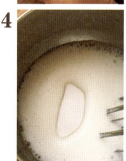

グラニュー糖Ⓑの残りのうち1/3量を加える（グラニュー糖を加える1回目のタイミング）。

5
きめがととのうまで高速で泡立てる。

6
グラニュー糖をさらに1/3量加え、高速で泡立てる（グラニュー糖を加える2回目のタイミング）。

7
持ち上げるとやわらかくツノがたれるようになったら（上写真）、グラニュー糖の残りをすべて加える（下写真・グラニュー糖を加える3回目のタイミング）。

↓

8
高速で泡立てる。卵白がボウルの中心にモコモコと集まりはじめ、ボウルの表面から浮いてすべるようになったら立て終わり。
➡ グラニュー糖が全量加わった後はメレンゲが重くなり、泡立てにくくなる。ボウルは手前に回し、ハンドミキサーは小さな円を描きながらボウルの半円上を動かすと、泡立てやすい。

↓
短くてしっかりとしたツノがたつ。

9
8のメレンゲに2の卵黄を一気に加え、ゴムベラで手早くすくい混ぜる。
➡ ボウルの半径上で生地をすくい上げ、リズムよく高速で混ぜる。と同時に、ボウルを手前に回す。手早くあわせないと、生地にメレンゲのかたまりが残ってしまう。P.011「半径で混ぜる」参照。

10
卵黄が混ざりきっていないところやメレンゲのかたまりがあれば、そこだけをゴムベラの先を使って混ぜる。
➡ 全体を混ぜ続けると、気泡がつぶれて生地がしぼんでしまう。

087

11
ふるった薄力粉を半量加え、ゴムベラですくい混ぜる。

粉気がなくなったら、混ぜ終わり。

12
粉気が残っているうちに（上写真）、残りの薄力粉を加える（下写真）。
→混ぜすぎないように注意。

14
ロール紙を敷いた天板の中央にビスキュイ生地を移す。

↓

15
表面を平らにならす（P.082「純生ロールケーキ」焼成 **13**〜**15** 参照）。

13
ゴムベラでていねいにすくい混ぜる。
→ゴムベラはボウルの右上から左下にまっすぐ動かし、ボウルの側面にあたったら、手首を返してすくい上げ、混ぜはじめの時点に戻る。これをひたすら繰り返し、なるべく少ない回数で混ぜきる。P.011「直径で混ぜる」参照。

↓

↓
粉がだいたい混ざったら、ゴムベラについた生地をボウルのへりでこそげ、こそげた中に粉のかたまりがないか、ゴムベラの先を使って生地を広げて確認する。もしあれば、ゴムベラの先で溶きのばし、生地全体に混ぜ込む。

16
粉糖をふる（左写真）。ふった粉糖のほとんどが溶けたら（右上写真）、再度ふる。
→溶け残っているところが多少あっても2回目の粉糖をふってしまってよい。

21 「純生ロールケーキ」33〜41(P.084〜085)を参考にして巻き、冷蔵庫でよく冷やしてからカットする。
➡表面がパリパリとしていて割れやすいので、一気に巻く。

17

焼成【200℃ / 10分】
200℃で10分焼き、網の上で冷ます。
➡さっくりと軽やかな口あたりを保つため、蒸れないよう、網の上で冷ます。

18

組み立て
「純生ロールケーキ」19〜20(P.083)を参考に生地をひっくり返し、底のロール紙をはがす。底面にキルシュを混ぜたシロップをシリコンハケで軽く打つ。

19

「純生ロールケーキ」(P.083〜084)26〜32を参考に生クリームをぬり広げる。手前を数cmあけて、フルーツを並べる。フルーツをパレットナイフで軽く押さえて生クリームとなじませる。

20

生地の手前にペティナイフで3本、深さ数mmの切り込みを1cm間隔で3本入れる。

089

ショートケーキ

ハチミツと卵黄入りのジェノワーズ生地はしっとりとしてカステラのよう。
ディプロマット・クリームを少しだけぬり、味わいを深めました。
サンド、ナッペ、絞りで生クリームのかたさをかえるのがポイントです。

材料(直径12cmのジェノワーズ缶/2台分)
● ジェノワーズ生地
全卵 … 180g
卵黄 … 20g
グラニュー糖 … 80g
ハチミツ … 10g
薄力粉 … 90g
牛乳 … 10g
バター … 10g

● クレーム・パティシエール
牛乳 … 225g
卵黄 … 35g
グラニュー糖 … 38g
薄力粉 … 10g
コーンスターチ … 5g

● クレーム・ディプロマット
クレーム・パティシエール … 上記全量
生クリーム(乳脂肪分47%) … 80g

● デコレーション用生クリーム
生クリーム(乳脂肪分38%) … 150g
生クリーム(乳脂肪分47%) … 150g
グラニュー糖 … 24g

● サンド・マスク・ナッペ・絞り
シロップ* … 適量
キルシュ … 適量
イチゴ … 適量

*水とグラニュー糖を2:1の割合であわせ、沸かしてグラニュー糖
を溶かし、冷ましたもの。

下準備
・ジェノワーズ生地をつくる(P.080〜082「純生
　ロールケーキ」1〜11参照。全卵と卵黄は、混
　ぜあわせ、ハチミツはグラニュー糖とともに加
　え、バターは湯煎で溶かして牛乳とあわせて加
　える)。
・クレーム・パティシエールをつくる(P.105〜106
　「シュークリーム」27〜38参照。ただし、シュー
　クリーム用のように煮つめることはしないので
　注意)。
・クレーム・ディプロマットをつくる(P.106〜107
　「シュークリーム」39〜43参照)。
・シロップとキルシュを混ぜあわせる。
・高さ8cm・長さ約40cmに切ったロール紙を型の
　側面にセットし、直径12cmに切ったロール紙を
　型の底に敷く。
・オーブンは160℃に予熱する。

断面図

❶ = 生クリーム

❷ = クレーム・ディプロマット

生地 Ⓑ
厚さ1.5cm。
両面にシロップをうつ

生地 Ⓒ
厚さ2cm。
両面にシロップをうつ

生地 Ⓐ
厚さ1.5cm。焼成時の底面にシロップをうち、
上下を返して使う（シロップをうった面を上にする）

生クリームの下準備

1
ボウルに乳脂肪分38％の生クリームとグラニュー糖を入れる。氷水にあて、ハンドミキサーで6分立てにする。はじめは中速で混ぜ、とろみがでてきたら高速にすると生クリームが飛びちりにくい。

2
乳脂肪分47％の生クリームを加える。ハンドミキサーの羽を手に持って混ぜ、全体をなじませる。

3
ハンドミキサーの高速で、全体をゆるめに泡立て、泡立て器に持ちかえる。サンド、ナッペ、絞りでかたさを変えるので、ボウルの手前あたりの生クリームだけを泡立て、必要なかたさに調整して使う。

生クリームのかたさ調整

サンド用
用途：生地を接着する
状態：かため

かために泡立てる。やわらかいと切り分けるときにはみ出たり、生地がずれたりする。ツノがピンとしっかり立つくらい、かために立てる。

ナッペ用
用途：ケーキ全体を覆う
状態：ややゆるめ

サンド用よりはゆるく、絞り用よりはややかために泡立てる。ツヤがあった生クリームが、泡立てるうちにマットになりはじめた、その瞬間の立て加減がナッペ用にはベスト。

絞り用
用途：仕上げの飾り
状態：ゆるめ

ややゆるく泡立てる。泡立て器で持ち上げるとすぐにはたれないが、しばらく持っていると落ちるくらいのかたさにする。

マスク用
用途：ナッペの下準備
状態：かたくても
　　　ゆるくても

生地の表面をざっと覆うためのものなので、どのかたさでもよいが、ゆるいほうがぬりやすい。ナッペの前にマスクすることで、生地が表面に露出するのを防げる。

1

ジェノワーズ生地

ロール紙を敷いた型にジェノワーズ生地を流し込む。型の底を手のひらに軽く打ちつけて空気を抜く。

7

生地🅐の上下を逆さにする。手で軽くはたいてクズをはらい、底面にシリコンハケでキルシュを混ぜたシロップを打つ。

2

焼成【 160℃ / 25分 】

160℃のオーブンで25分焼く。焼けたらすぐにふきんを敷いた台の上に数回落とし、生地の中の温かい空気を抜く。
➡ 温かいうちに生地内の空気を抜いておくと、冷めるときに生地がしぼみにくい。

8

クレーム・ディプロマットを口径10mmの丸口金をつけた絞り袋に入れ、厚さ3mmに絞る。

3

ロール紙を引っ張って生地を引き出し、逆さにして型から生地を抜く。

9

イチゴを厚さ3mmに切り、**8**の上に並べる。サンド用の生クリームを泡立て器ですくってのせ、パレットナイフでおおまかに広げる。

4

ロール紙をつけたまま網の上に逆さにして置く。
➡ 逆さにしておくと、生地がしぼみにくい。

10

生クリームをイチゴのすき間に押しこむようにぬる。

5

サンド

ジェノワーズ生地からロール紙をはがし、波形ナイフで底のふちのかたい部分を切り取る。底のロール紙は取っておく。

↓

イチゴが生クリームからややすけて見えるくらいの厚みになるよう、生クリームの量を調整する。

6

生地の上下を戻し、**5**で取っておいたロール紙を生地の上にのせる。波形ナイフにスポンジスライサー（P.096）を取りつけ、下から厚さ1.5cm（生地🅐）、1.5cm（生地🅑）、2cm（生地🅒）に切り分ける。
➡ 表面がベタつくので、ロール紙をのせて切るとよい。

11

生地🅒の片面にアンビバージュし、打った面を下にして**10**にのせる。

093

12
上から手のひらでしっかりと押さえて表面を平らにする。クリームがはみ出してもよい。

13
12の表面にアンビバージュする。

14
サンド用の生クリームを少量のせる。

15
パレットナイフを左右に動かして生クリームをぬり広げる。

16
9〜10と同様にイチゴを並べて、生クリームをぬる。

17
生地❶の片面にアンビバージュし、打った面を下にして16にのせる。

18
12と同様に手のひらでしっかりと押さえる。

19
マスク
サンドした生地の表面にシロップを打ち、ケーキ全体を薄く覆えるくらいの量の生クリームをのせる。

20
パレットナイフで生クリームをおおまかにぬり広げる。生クリームが足りなければ、ぬり足す。
→最初は直径上に広げる（上写真）。次に、パレットナイフをこまかく返しながらケーキのカーブに沿って動かし、クリームを手前にぬり広げる（中写真）。手首をテンポよく動かし、手前に向かってぬる。と同時に回転台を手前に少し回すとよい。クリームが全体に広がったら、回転台を手前に回しながら、パレットナイフを時計回りに動かして、ざっとならす（下写真）。

↓

↓

21
上面の生クリームを平らにならす。
→パレットナイフは回転台と平行にしてケーキにあてて固定し、回転台を手前に回す。余分な生クリームが側面にたれるようにすること。パレットナイフは寝かせ気味に構えるとよい。

22

手前側の側面にパレットナイフをあてて動かし、側面にたれた生クリームを広げる。
→作業する部分が常に手前にあるよう、ぬり終わるごとに回転台を奥に回す。パレットナイフは矢印のようにこまかく左右に返し、テンポよくクリームを手前にぬり広げる。

23

生クリームが全体を薄く覆ったら、側面の生クリームを平らにならす。
→パレットナイフを側面にあてて固定し、回転台を奥に回す。

24

ケーキのへりにパレットナイフをあて、上面にはみだした生クリームをケーキの中央に向かってすっと引いてならす。
→1回ならすごとに回転台を奥に回し、ならす部分が常に手前になるようにする。

25

ナッペ（上面）
ナッペ用のかたさに泡立てた生クリームを泡立て器ですくってケーキにのせる。量は全体を約5mm弱の厚さで覆えるくらい。

26

パレットナイフを左右に動かして、おおまかに生クリームを広げる。

27

次にパレットナイフを矢印❶❷❸の順に動かして手前側にもぬる。

↓

回転台を半回転させ、反対側にも同様に❹❺❻の順にぬる。

28

表面を平らにならす。
→パレットナイフは回転台と平行にしてケーキにあてて固定し、回転台を手前に回す。余分な生クリームは側面にたれてしまってよい。

29

パレットナイフを生クリームにさしこんで厚みを確認する。パレットナイフを抜き、表面をならす。
→厚さ5mm弱になるよう生クリームを足したり、取り除いたりして調整する。

↓
パレットナイフは寝かせ気味にして固定し、回転台をまわす。

30
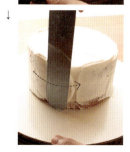
28で側面にたれた生クリームをパレットナイフでおおまかにぬり広げる。
→パレットナイフは反時計回りに、回転台は時計回りに動かす。ケーキのふちあたりにたれている生クリームを下に広げるつもりでぬり広げ、余った生クリームを手前に移動させるイメージ。パレットナイフはしっかりと側面に押しあて、余分な生クリームは上面にはみ出るようにする。上写真は半周ほど塗ったところ。下写真は一周塗り終えるところ。

31

厚みが足りないところに生クリームをぬり足す。
➡パレットナイフを左右に動かしてぬり足し、最後は右か左にすっと抜く。

32

側面の生クリームを平らにならす。
➡パレットナイフをケーキの側面にあてて固定し、回転台を奥にむかって回す。このときパレットナイフの先がずっと回転台をかするように固定する。

33

パレットナイフのへりをケーキに対してななめ45度くらいにあて（上写真）、手前にすっと引き（中写真）、上にはみだした生クリームを取り除く。取り除いた生クリームはこまめにボウルのへりでこそげる（下写真）。

34

パレットナイフのへりをほんの少しだけケーキの底に差し込んで手前に引き、回転台を手前に回し、回転台についた生クリームを取り除く。

35

絞り

絞り用のかたさに泡立てた生クリームを口径12mmの丸口金をつけた絞り袋に入れ、ケーキのふちに高さ1cmに絞る。
➡絞り袋はケーキの中心に向かってややかたむけて構え、最後は中心に向かってすっと引く。口金の位置は生地より1cmの高さに固定して絞り、ちょうどよい大きさになったら絞るのをやめて、引く。絞る場所が常に向かって左にくるよう回転台を少しずつ手前に回しながら絞るときれいに絞れる。

36

残りのスペースが5cmくらいになったら、あと何回絞ってふちをぴったり埋めるかを決め、絞り出す大きさを調整する。

37

イチゴを飾る。

スポンジスライサーと回転台

写真手前はスポンジスライサー。数mmおきに切り込みが入っていて、2個で1組。切り込みにナイフの刃を差し込み、スライサーが台から浮かないようにして切ることで同じ厚みにカットできる。奥はショートケーキなどをデコレーションするときにあると便利な回転台。クリームをぬったり絞ったりするときに、台の上にケーキをのせ、台をくるくる回してケーキを回転させながら作業する。

column 1

パレットナイフ
使い方のコツ

●パレットナイフの種類
L字形のものとまっすぐな形のものがあり、両方持っていると便利です。クリームをぬり広げたり、ケーキの下に差し込んで持ち上げたりするのに使います。小さいサイズのものは小さなケーキに使うのに便利です。ロールケーキのような平らな生地にクリームをぬるときはL字形が、ショートケーキなどの高さがあるものにぬるときにはまっすぐなものが使いやすいです。

ケーキ上面のクリームをはらうときには、角のへりを使います。

へりだけを生地にあてます。ゴムベラやカードのように面を使うことはあまりありません。

●生地にあてる角度が重要
パレットナイフで生地にクリームをぬる際、生地にあてる角度が大きければ、よりたくさんの量のクリームを移動させたり、広げたりできます（**1**）。表面を平らにならすときなど、少量のクリームを移動させたいときには角度を小さくしてください（**2**）。

●ケーキを移動させる

1 パレットナイフをケーキの底に差し込む。
2 片側を少しだけそっと持ち上げて、手を差し込む。
3 ケーキが安定するようにパレットナイフの位置を調節し、ケーキを持ち上げる。
4 置くときは奥側から置き、次にパレットナイフを、先を少し残して、途中までまっすぐに引く。
5 そっと手を抜く。
6 先端を引き抜くときは、刃を皿や台に押しあててしならせ、しずかに抜く。

6

シュークリーム

Chou

●ふっくら、サクッとしたシュー生地をつくる

シュー生地はバターなどを加えた牛乳を沸かし、小麦粉を混ぜ、最後に卵を加えて再加熱してつくります。美しく膨らみ、軽やかな食感のシュー生地をつくるにはいくつかのポイントがあります。

●バターと牛乳を沸騰させ、小麦粉を入れる

牛乳とバターは必ず沸騰させ、火を止めたらすぐに小麦粉を入れます。沸きたてに加えることで、粉を一気に分散させ、より早く火を通すことができるのです。

●小麦粉が混ざったら、しっかりと再加熱する

小麦粉を混ぜたら、ふたたび火にかけ、混ぜながら加熱します。これは小麦粉のでんぷんに火を入れ、糊化させるためです。鍋底に薄い膜がはり、鍋底からチリチリと音がしはじめ、混ぜる手がふっと軽くなるまで、しっかりと加熱します。でんぷんの糊化が十分におこなわれないと、生地はゆるくなり、ふっくら膨らむのに欠かせない粘りとかたさがでません。

●生地の状態をみながら、卵を加え混ぜる

でんぷんをしっかりと糊化させたら、火からおろし、溶き卵を加えていきます。溶き卵は粘りがでる手がないまでは少量ずつ、どんどん加え混ぜていきます。粘りが出てきたらムラをなくすつもりでよく混ぜ、その後はかたさをみながら少量ずつ足し、そのつどよく混ぜます。ツヤと粘りのある生地になるよう、状態をよく見て、加える卵の量を調整することが大切です。

●予熱は焼成温度よりも高い温度で

生地を入れるとオーブン庫内の温度が下がるので、焼成温度よりも高い温度で予熱します。高温で一気に生地を膨らませたいので、予熱の温度を高くしておくことはとても大切なポイントです。

●温度を変えながら焼く

シュー生地はまず高温で一気に熱して生地中の水分を蒸発させ、膨らませます。しっかりと膨らんだら、中温に。生地の割れ目まできれいな焼き色をつけ、生地を焼きかためます。生地の割れ目にも焼き色がついたら、低温にして中までしっかりと乾燥させます。温度を変えながら焼くことで、しっかりと膨らみ、おいしそうな焼き色がつき、軽やかな食感に焼き上がるのです。

●クレーム・パティシエールでも糊化が重要

材料を混ぜて加熱する際、シュー生地同様、しっかりと小麦でんぷんを糊化させることが大切。糊化が不十分だと、見た目はおいしそうでも粉っぽい味になります。混ぜる手がふっと軽くなるのはブレークダウンという現象で、でんぷんの糊化が完了した後におこります。これが粉にしっかりと火が入ったかどうかの目安になるのです。ブレークダウンがおこるまで加熱して、でんぷんをきちんと糊化させましょう。

100 シュークリーム (→ P.102)

パリブレスト (→ P.108)

シュークリーム

しっかりと乾燥させて焼き上げたシュー生地に、じっくり炊いたクリームやキャラメル入りの生クリームを絞ります。
クリームの味が濃厚なので、小ぶりにつくるとバランスがよいです。

材料

● シャンティイ・カラメル（約5個分）
グラニュー糖 … 67g
生クリーム（乳脂肪分47％）… 150g

● クッキー生地（約30個分）
バター … 30g
グラニュー糖 … 30g
薄力粉 … 30g

● シュー生地（約30個分）
水 … 50g
牛乳 … 25g
バター … 45g
塩 … 1g
薄力粉 … 55g
全卵 … 約120g

● クレーム・パティシエール（約25～30個分）
牛乳 … 450g
卵黄 … 70g
グラニュー糖 … 76g
薄力粉 … 20g
コーンスターチ … 10g

● クレーム・ディプロマット（約25～30個分）
クレーム・パティシエール … 上記全量
生クリーム（乳脂肪分47％）… 160g

下準備

・クッキー生地のバターはヘラがすっと入るやわらかさにする。
・シュー生地のバターは小さく切る（約1cm角）。
・クッキー生地とシュー生地の薄力粉はふるう。
・全卵はよく溶く。
・クレーム・パティシエールの薄力粉とコーンスターチはあわせてふるう。
・シャンティイ・カラメルの生クリームは冷たくない状態にする。
・オーブンは250℃に予熱する。

シャンティイ・カラメル
（使う前日につくる）

1
鍋を火にかけて温める。手をかざして温かく感じるようになったら、鍋底一面を薄く覆うくらいの量のグラニュー糖を入れる。溶けて透明になったら、さらに同量加える。

2
焦がさないように火加減を調整しながら、**1**を繰り返す。すべてのグラニュー糖を溶かしたら、弱火でゆっくりと焦がしていく（上写真）。しだいに細かい泡が立つ（下写真）。

3
次に、泡が大きくなってくる。

4
泡が小さくなり、鍋のふちから細かい泡が立ってくる。この状態になったら火を止める。好みの焦げ具合になるまで鍋をまわしてさらに焦がす。

5 冷たくない状態にした生クリームを少量（約1/4量）ずつ加えて混ぜる。
→湯気が出てはねるのでやけどに注意。生クリームが冷たいと、カラメルが固まりやすく、きれいに混ざりにくい。また、2回目くらいまでは加える量が多すぎると沸いて吹きこぼれることがある。

9 ゴムベラについた生地をカードでこそげ、生地をボウルの奥側にまとめる。まとめた生地をゴムベラで手前に少しずつ動かす。生地をすべて動かしたら、ボウルを半回転させ、同様に生地を移動させる。これをなめらかになるまで繰り返す。
→P.011「生地をなめらかにする（フレゼ）」参照。

6 生クリームをすべて加えたら、均一な状態になるまで木ベラでよく混ぜて乳化させる。どうしても溶けないかたまりがあるときは、火にかけて混ぜながら少し温めると溶ける。

10 ビニールシートではさみ、麺棒で厚さ1～2mmにのばす。

7 漉す。表面にラップフィルムを密着させて覆い、氷水にあてて冷ます。粗熱がとれたら、冷蔵庫に移し、半日ほど冷やす。
→火にかけてもカラメルのかたまりが溶け残ることがある。漉してそれらを取り除き、なめらかな口あたりにする。

11 最後に、麺棒を転がさずに生地の上にすーっとすべらせて表面を平らにする。冷凍庫でかたくなるまで冷やす。
→型で抜くと、生地が型にくっつかず、きれいに抜けるかたさになるまで冷やす。

8 　　　　クッキー生地

ボウルにやわらかくしておいたバターを入れ、グラニュー糖と薄力粉を加える。生地がまとまるまで、ゴムベラで押さえるようにして、しっかりと混ぜる。
→クッキー生地は冷凍した状態のものを使う。冷凍で約2週間は保存できるので、あらかじめつくっておいてもよい。

12 　　　　シュー生地

鍋に水、牛乳、バター、塩を入れて火にかける。液体が温まったらいったん火を止める。

13

液体の熱でバターを溶かす。溶けたらふたたび火をつけ、沸騰させる。

➡ バターを小さく切り、液体類が温まってから一度火を止めてバターを溶かすことで、バターが溶ける前に液体類が沸き、水分が蒸発しすぎてしまうのを防ぐ。

18

↓

全卵を分量の8割ほど加えたあたりで、生地に粘りが出てきたら（上写真）、ムラをなくすつもりでよく混ぜ、なめらかな状態にする（下写真）。

➡ ここではじめて、ていねいによく混ぜる。

14

火を止め、ふるった薄力粉を一気に加えてゴムベラで押さえるようにして混ぜる。ダマができたら、ゴムベラでつぶす。

15

粉っぽさがなくなったら強火にかけ、ゴムベラで手早くつぶし混ぜながら加熱する。

➡ 生地全体の温度を上げたいので、つぶしながら加熱して中まで火を入れる。

19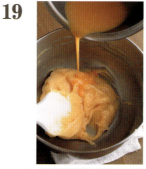

↓

かたいようならば、全卵をさらに少量加え（上写真）、よく練り混ぜる（下写真）。

➡ ここからは、かたさを見ながら少しずつ卵を足す。12〜13でどれくらいの水分が蒸発したかによって必要な卵の量は変わり、分量よりも少ないときも多いときもある。時間がたつと生地がかたくなってしまい、卵を加えてもやわらかくならない。作業は手早く行なうこと。また、粘りがでてきてからは卵を加えるごとによく練り混ぜるのも重要。粘りを出し、緻密でしっかりとしたグルテンの骨格をつくることで、できあがったシューがしぼみにくくなる。

16

生地に透明感が出てきて、鍋底に薄い膜がはるようになる。同時に、チリチリという音がしはじめ、混ぜる手がふっと軽くなったら、鍋を火からおろす。

17

ボウルに移し、よく溶いた全卵を少しずつ加え、そのつどゴムベラで押さえるようにして混ぜる。

➡ 混ぜムラがあってもよいので、全卵が見えなくなったらすぐに次を加える。加えるたびにていねいに混ぜているとバターの油脂が分離してしまう。

20

ちょうどよいかたさになるまで19を繰り返す。かたさの目安は、生地を全部まとめてゴムベラで持ち上げてボウルに落とすと、ぽてっと一回落ち、残りの生地がすーっ、すーっと2回落ちるくらい。

21

口径10mmの丸口金を付けた絞り袋に**20**を詰める。オーブンシートを敷いた天板に、高さ1cm、直径3cmに絞り出す。
➡絞り袋は垂直に構え、高さを固定して絞る。左手を天板にのせて絞り袋を支えると固定できる。生地が直径3cmの大きさになったら絞るのをやめ、口金で生地の頭をこするようにして手早く円を描き、離す。

22

霧吹きでシュー生地の表面全体に水を吹きかける。
➡生地の表面が乾いていると、加熱中に膨らむ際、生地ののびが悪くなり、形がいびつになる。

23

冷凍しておいたクッキー生地を取り出し、ビニールシートを両面ともはがす。直径2cmの丸抜き型で抜き、シュー生地にのせる。

24

焼成❶
【250℃→200℃/10〜15分】
霧吹きでふたたび水を吹きかけ、250℃に予熱したオーブンに入れる。すぐに200℃に落とし、生地がしっかりと膨らむまで10〜15分焼く。
➡シュー生地の側面にも忘れずに水を吹きつけることが大事。ここではあくまでも膨らませるだけ。焦がさないように注意。

25

焼成❷
【160〜180℃/10〜20分】
写真のようにしっかりと膨らんだら、オーブンの温度を160〜180℃にする。割れ目にもしっかりと焼き色がつくまで10〜20分焼く。
➡ここからは焼き色をつける工程。高温のままだと焦げるので、中温にして割れ目にまでしっかりときれいな焼き色をつける。

※扉を開けると生地がしぼむので、決して開けないこと。

26

焼成❸【130〜150℃/10分】
写真のように割れ目まで焼き色がついたら、オーブンの温度を130〜150℃にして10分ほど焼く。
➡これ以上焼き色をつけたくないが、生地の中までしっかり乾燥させたいので、低温にしてさらに焼く。焼成時間はあわせて35〜40分ほど。

27

クレーム・パティシエール
シュー生地を焼いている間にクレーム・パティシエールをつくる。牛乳を鍋に入れて火にかけておく。ボウルに卵黄を入れてグラニュー糖を加え、すぐに泡立て器でよく混ぜる。
➡すぐに混ぜないとダマができる。

28

あわせてふるった薄力粉とコーンスターチを一気に加え、粉気がなくなるまで泡立て器ですり混ぜる。
➡泡立て器は立てて持ち、静かに混ぜると粉が飛びちらない。

29

火にかけておいた牛乳の鍋肌がふつふつと泡立ちはじめたら、火からおろす。

30

牛乳を火からおろしたらすぐに、**28**を泡立て器で混ぜながら、少しずつ注ぎ入れる。
➡加える牛乳が冷たいと、鍋の中身の温度が下がり、できあがるまでにより時間がかかる。

31
なめらかに混ざったら鍋に戻し入れる。強火にかけ、たえず泡立て器でかき混ぜて炊く。火加減は鍋底からはみ出さないくらいの強火。
➡ 混ぜながら加熱してクレーム・パティシエールをつくることを製菓用語で「炊く」と表現する。

32
とろみがついて混ぜる手が重くなり、鍋底にもろもろとしたかたまりができてきたらいったん火からおろす。全体を手早く泡立て器でかき混ぜる。
➡ いったん火からおろして混ぜ、全体を均一な状態にすることで、まんべんなく火の入ったなめらかな状態にする。

33
泡立て器をゴムベラに持ちかえてひと混ぜする。鍋を強火にかけ、ゴムベラでたえず混ぜながら炊いていく。
➡ 鍋の右手前あたりはゴムベラが届きにくく、焦げやすい。たまに鍋の柄を奥に向かって回し、まんべんなくかき混ぜるようにする。

34
沸騰し、ツヤがでて、混ぜる手がふっと軽くなったら中火にする。
➡ この時点で炊き上がっているが（小麦粉と卵に火が通った状態）、さらに煮詰めて、濃厚に仕上げる。

35
ゴムベラで混ぜながらさらに5分以上煮詰める。かさが減り、混ぜる手が重くなったら火からおろす。
➡ 煮詰めることで味わいがより濃厚になり、かたさもでる。

36
漉しながらボウルに移し入れる。
➡ 熱いうちに漉さないと、漉しにくくなる。

37
ボウルの底に氷水をあてる。表面はラップフィルムでぴったりと覆い、その上に保冷材をのせ、クレーム・パティシエールを芯まで冷やす。
➡ 20〜40℃の温度帯はもっとも菌が繁殖しやすい。急冷することでこの温度帯を短時間で通過させ、雑菌の繁殖を防ぐ。

38
冷やしたクレーム・パティシエール。上手に炊けていれば、クレーム・パティシエールとボウルの間にゴムベラをさしこむと、つるっとはがれる。
➡ ボウルからはがれずにくっついてしまうのは、炊けていない証拠（でんぷんの糊化が不十分）。粉っぽさが残り、おいしくない。

39

クレーム・ディプロマット

クレーム・パティシエールをゴムベラでほぐす。
➡ ゴムベラを立てて持ち、ボウルの奥側から手前にクレーム・パティシエールをこすりつけるようにしてほぐす。

40
すくい上げたとき、ぶつっと切れるようならほぐしが足りない。写真のように粘ってのびるようになるまでほぐす。
➡ ほぐしすぎると仕上がりがやわらかくなり、シュー生地に絞り入れたときにだれて高さが出なくなる。

41

生クリームは9分立てに泡立てる。
→高く絞り上げてもだれない、保形性のあるしっかりとしたクレーム・ディプロマットにしたいので生クリームもかために立てる。

46

クレーム・ディプロマットと シャンティイ・カラメル のシュークリーム

下側のシュー生地に、クレーム・ディプロマットをふちの高さまで、すみずみに行き渡るように絞る。

42

40に**41**を加え、ゴムベラでゆっくりと押さえながらていねいにすくい混ぜる。
→クレーム・パティシエールのほうがかたくて混ざりづらいので、ぎゅっと押さえつけてつぶしながら生クリームと混ぜる。

47

シャンティイ・カラメルを氷水にあて、ツノがピンと立つまで泡立てる。星口金（10切り・8番）をつけた絞り袋に入れ、**46**の上にらせんを描きながら一周絞る。
→シャンティイ・カラメルは時間がたつとゆるくなってだれやすいので、かたく立てる。

43

クレーム・パティシエールの混ぜ残りがあれば、ゴムベラの先で広げるようにして混ぜこむ。クレーム・パティシエールが混ざりきっていればよく、生クリームの混ぜ残りはあってもよい。
→クレーム・パティシエールのかたまりが残っていると、口当たりが悪くなる。混ぜすぎるとゆるくなるので注意する。

48

シャンティイ・カラメルを一周絞ったら、その上にさらにローズ（P.141）をひとつ絞る。

44

シュー皮のカット

シュー生地をペティナイフで半分に切る。

49

仕上げ

上側のシューをのせ、粉糖を茶漉しでふる。

45

クレーム・ディプロマット のシュークリーム

口径10mmの丸口金を付けた絞り袋にクレーム・ディプロマットを入れる。下側のシュー生地に、ふちから3cmくらいの高さまで絞る。
→ゆっくりと絞り出し、クリームが広がるのを待って絞り袋を持ち上げてゆくとこんもりとした形になる。

パリブレスト

自転車の車輪をイメージして、シュー生地をまん丸に絞り出すのが一番のポイントです。チョコレートとプラリネ入りの濃厚なムースリーヌをきれいに絞ってデコレーションします。

材料（直径12cm/2個分）

● ヌガー（つくりやすい分量）
アーモンド … 150g
グラニュー糖 … 60g
水 … 20g
バター … 10g

● シュー生地
水 … 35g
牛乳 … 30g
バター … 40g
塩 … 1g
薄力粉 … 50g
全卵 … 約100g
アーモンドスライス … 適量

● クレーム・パティシエール
牛乳 … 334g
卵黄 … 80g
グラニュー糖 … 80g
薄力粉 … 30g

● パータ・ボンブ（つくりやすい分量）
卵黄 … 20g
水 … 15g
グラニュー糖 … 40g

● ムースリーヌ・プラリネ
クレーム・パティシエール … 上記全量
パータ・ボンブ … 上記より30g
バター … 60g
アーモンドプラリネ … 40g
ダークチョコレート（カカオ分70％）… 60g

● 組み立て
粉糖、ココアパウダー … 各適量

下準備

・シュー生地のバターは1cm角に切っておく。
・クレーム・パティシエールをつくる（P.105〜106「シュークリーム」27〜38参照。ただし、パリブレストのクレーム・パティシエールにはコーンスターチは使わない）。
・ムースリーヌ・プラリネのバターはやわらかくしておく。
・オーブンはヌガーのアーモンドのロースト前は130℃に、シュー生地の焼成前は250℃に予熱する。

砂糖の再結晶化とは

溶けて液状になった砂糖がふたたび結晶の形になることをいう。砂糖を水に溶かしてシロップ状にし、113〜130℃に熱してから冷ますと結晶化させることができる。冷ます際に攪拌して力を加えると、より細かい結晶になる。もっとも細かい結晶がつくれる温度は113℃で、それより高くなると粒が粗くなる。

ムースリーヌとは

クレーム・パティシエールとバタークリームを混ぜあわせたもので、口どけがよく、リッチな風味が特徴。また、バターが加わることで、クレーム・パティシエールよりも保形性が高くなる。

パータ・ボンブとは

パータ・ボンブとは卵黄に火を通し、泡立てたもの。卵黄を泡立てながら、115〜117℃に熱したシロップ（水とグラニュー糖をあわせて沸かしたもの）を加えてつくる。少量でつくる場合は、このレシピのように卵黄に水とグラニュー糖を混ぜて温めてから泡立てると上手につくれる。

ヌガー

1

アーモンドは130℃のオーブンに20～30分入れ、乾燥させるイメージでローストする。写真上が生、下がローストしたもの。
➡割ると、中がほんのり色づいている状態がちょうどよい。ローストしすぎると最終の焼成で焦げて苦くなってしまう。

2

鍋にグラニュー糖と水を入れて火にかけ、113℃まで熱してシロップをつくる。別の鍋にローストしたてのアーモンドを入れ、そこにシロップを注ぐ。
➡アーモンドは冷めてしまったら電子レンジで軽く温めなおす。アーモンドが冷たいとシロップが冷えてかたまり、全体に行き渡らない。

3

木ベラで手早く混ぜ、シロップをアーモンドにからめる。
➡火にはかけずに混ぜる。もしシロップが冷えてかたまってしまったら、弱火にかけながら混ぜるとよい。アーモンドがばらけたら、すぐに火からおろす。

4

混ぜ続けると、しだいにシロップが白くシャリシャリの状態になってくる（砂糖の再結晶化）。
➡シロップをいったんナッツにからめて再結晶化させた後に加熱すると、焦がしすぎることなく、まんべんなくキャラメリゼできる。

5

弱めの中火にかけ、木ベラで混ぜながらゆっくりと砂糖を溶かす。砂糖が溶け、全体がキツネ色をおびて、薄く煙が出てきたら火を止める。
➡シュー生地にはさむムースリーヌ・プラリネが甘いので、ヌガーはしっかりと焦がしてほろ苦くする。

6

バターを加え、溶かし混ぜる。

7

シルパットの上に移し、広げて冷ます。
➡シルパットの代わりにオーブンペーパーやオーブンシートを使ってもよい。

8

10粒ほどホールのまま取っておき、残りは好みの大きさにきざむ。
➡きざみ方が粗すぎると、カットするときに包丁があたってシューがずれてしまう。湿気やすいので、すぐに使わない場合は、乾燥剤を入れた密閉容器に入れて保存する。

9

######## シュー生地

「シュークリーム」シュー生地 **12**〜**19**(P.103〜104)を参考に、シュー生地をつくる。卵の量がシュークリームよりも少なく、よりかため。できあがりの目安は、ゴムベラで生地を全部持ち上げて落とすと、ぼてっとひとかたまりになって落ちる状態。

生地がひとかたまりになって落ちた後、ゴムベラからたれている三角形の生地の端はギザギザとした状態になる。

10

天板を2枚用意し、それぞれにオーブンシートを敷く。直径10cmのセルクルに粉（強力粉）をつけ、シートの上に置いて印をつける。天板1枚につき、2つずつ印をつけ、シートを裏返す。

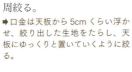

11

まず、1枚の天板に土台になる生地を絞る。生地は星口金（8切り・8番）をつけた絞り袋に入れ、印の内側に1周絞る。

➡ 口金は天板から5cmくらい浮かせ、絞り出した生地をたらし、天板にゆっくりと置いていくように絞る。

残り5cmになったら絞り出すのをやめ、口金から出ている生地を置くようにして絞りはじめとつなげる。

12

11の外側に同様にもう一周絞る。

➡ 内側の生地と外側の生地の絞りはじめと絞り終わりのつなぎ目の位置がずれるようにするときれいに焼き上がる。

13

12の内側の生地と外側の生地の上に、**11**と同様に一周絞る。

➡ **10**でつけた印の真上にあたる場所に一周絞る。ここでも3つの生地のつなぎ目の位置が重ならないように注意。

14

もう1枚の天板に、中にはさみこむ生地を絞る。**10**でつけた印の上に一周絞る。絞り方は**11**と同様。

15

13と**14**の生地に霧吹きで水を吹く。

16

13と14の生地の内側を指でなぞり、なめらかできれいな形にととのえる。

➡生地に水を吹きつけてあるので、生地が指につくことはない。

17

13と14の生地のつなぎ目を指の腹でなぞり、つなぎ目をなめらかにならす。

➡つなぎ目をなめらかにつなげないと、焼成時につなぎ目が離れて隙間ができやすい。

18

13の生地の表面にたっぷりとアーモンドスライスを貼りつける。

➡カットするときに落ちてしまったりするので、たっぷりとのせる。

19

焼成
【250℃ → 200℃ / 10〜15分】
【160〜180℃ / 15分】
【130〜150℃ / 10分】

最後にもう一度14と18の生地の表面に霧吹きで水を吹く。250℃に予熱したオーブンに入れ、すぐに200℃に落として10分焼く。しっかりと膨らんだら160〜180℃にして15分焼く。割れ目にもしっかりと焼き色がついたら130〜150℃にして10分焼き、生地の中まで乾燥させる。

➡水を吹くのはアーモンドスライスが焦げることと、生地表面が乾燥することを防ぐため。焼成については「シュークリーム」24〜26(P.105)参照。

20

パータ・ボンブ

卵黄に水とグラニュー糖を順に加え混ぜる。ゴムベラで混ぜながら、火にかけて湯煎する。とろみがついたら湯煎からはずす。

➡卵黄に火を入れたいので、湯煎の湯はずっと沸騰した状態に。泡立ててしまうと温度が上がらず、とろみがつかない。

21

熱いうちに高速のハンドミキサーで泡立てる。

22

白っぽくもったりとしてきたらできあがり。落とすと、とろりとリボン状にたれる。

➡乾燥しないようにラップフィルムをかけておく。

23

ムースリーヌ・プラリネ

ボウルにアーモンドプラリネとダークチョコレートを入れ、湯煎にかけて溶かし混ぜる。常温に冷ます。

24

クレーム・パティシエールをゴムベラでほぐす。

➡まずゴムベラで手前に向かってつぶすようにほぐし、次にボウルを横にして体重をゴムベラにのせてのばす。ほぐしはじめはぶつぶつと切れるが、しだいになめらかになる。しっかりとほぐしておかないと口金に詰まり、きれいに絞れない。

25
24に常温に冷ました23を加え、ゴムベラで混ぜる。
➡ 23が冷めていないと28で加えるバターが溶けてしまうので注意。

26
ボウルにバターを入れ、ゴムベラで混ぜてかたさを均一にする。
➡ バターにダマがあると口金に詰まってしまい、きれいに絞れない。

27
26を25に加え、ゴムベラで均一な状態になるまで混ぜる。

28
27にパータ・ボンブを加え、均一な状態になるまですくい混ぜる。
➡ バターを溶かさないことが大切。バターが溶けると仕上がりがゆるくなる。

↓

できあがりはなめらかでツヤのある状態。

29

組み立て

土台になるシュー生地を半分にスライスする。

30
29でスライスしたシュー生地の下側に、中にはさみこむ用のシュー生地をのせる(上写真)。下のシュー生地からはみ出す部分があれば、包丁で切り取り、形をととのえる(下写真)。

↓

31
星口金(8切り・6番)をつけた絞り袋にムースリーヌ・プラリネを入れ、下側のシューにすき間なく絞り入れる。

↓

きざんだヌガーをムースリーヌ・プラリネの上にたっぷりと散らす。

ヌガーの上に一周、薄くムースリーヌ・プラリネを絞る。

32

中にはさみこむ用のシュー生地をのせ、指先で軽く押さえる。

33

32でのせたシュー生地の外側に一周、ムースリーヌ・プラリネを絞る。

34

内側にも同様に一周絞る。

35

33と34で絞ったムースリーヌ・プラリネのすき間を埋めるように薄く一周絞る。

きざんだヌガーをちらす。

ヌガーの上にムースリーヌ・プラリネをさらに一周絞る。

36

29でスライスしたシュー生地の上側をのせる。

37

シュー生地の外側に絞ったムースリーヌ・プラリネに、ホールのまま取っておいたヌガーを等間隔で貼りつける。

38

粉糖とココアパウダーを順に茶漉しでふる。冷蔵庫でよく冷やし、カットする。
➡冷やすことでムースリーヌの中のバターとチョコレートがかたまり、全体がしっかりとくっつくので切るときにずれにくくなる。カットの際は包丁を熱湯で温めてから水気をふき、カットする。

7
チーズケーキ
Gâteau fromage

●クリームチーズはなめらかになるまで練る
チーズケーキをおいしくつくるために欠かせないのは、クリームチーズをなめらかな状態にすることです。冷蔵庫から出したてはかたいので、作業する少し前に出しておきましょう。練るときには砂糖を加え、少しずつほぐしていきます。砂糖が加わると、クリームチーズがほぐれやすくなります。

●チーズケーキいろいろ
チーズケーキには、いろいろなタイプがあります。濃厚だったり、ふわふわだったり、つるんとしていたり。この本では焼くチーズケーキと冷やしかためるチーズケーキを、それぞれ2種ずつご紹介します。

●濃厚、なめらかなベイクドチーズケーキ
焼きすぎに注意し、ちょうど火が入ったところ、という焼き上がりをめざします。焼きすぎるとなめらかさがなくなってしまいます。

●ふんわり、軽い食感のスフレチーズケーキ
生地にメレンゲを混ぜ、ゆっくり湯煎で焼くことでふんわり、軽やかな食感に。メレンゲには冷やした卵白を使い、やわらかな立て具合にとどめます。気泡をつぶさないよう、なるべく短時間、少ない回数で混ぜるのがコツです。

●乳脂肪でかためるフロマージュ・クリュ
クリームチーズと生クリームの乳脂肪分が冷えてかたまる作用を利用してかためます。材料を混ぜあわせてから泡立てるのですが、ピンとツノが立つまでしっかりと泡立て、保形性の高いアパレイユをつくります。

●ゼラチンでかためるレアチーズケーキ
ゼラチンでかためるため、つるりとした舌ざわり。ヨーグルトを加えてさっぱりとした配合にしました。ゼラチンがきちんと全体に行き渡るよう、温度に気をつけながら材料をあわせていきましょう。

116 ベイクドチーズケーキ (→ P.120)

スフレチーズケーキ (→ P.122)

118　フロマージュ・クリュ (→ P.124)

レアチーズケーキ (→ P.128)

ベイクドチーズケーキ

アパレイユにはグリュイエールチーズをたっぷりと加えています。
焼きすぎないように気をつけて、しっとり、濃厚に。
焼きすぎると舌ざわりが悪くなるので気をつけましょう。

材料（直径15cm・高さ4cmのセルクル /1台分）
● クランブル
バター… 25g
グラニュー糖… 25g
アーモンドパウダー… 25g
薄力粉… 25g

● チーズアパレイユ
クリームチーズ… 144g
グラニュー糖… 48g
サワークリーム… 36g
発酵バター… 54g
卵黄… 42g
生クリーム（乳脂肪分47％）… 36g
グリュイエールチーズ… 30g

下準備
・材料はすべて常温におき、冷たくない温度にしておく（材料の温度が近いときれいに混ざる）。
・クランブルをつくる（P.128「レアチーズケーキ」1～4参照）。

1 クランブル

天板にシルパンを敷いてセルクルを置く。セルクルに幅8cm・長さ約48cmに切ったオーブンペーパーをセットする。
➡ オーブンペーパーは表を内側にする。

2

セルクルにクランブルを入れ、スプーンの背で軽く押さえる。
➡ ぎゅうぎゅう押さえつけるとかたすぎる焼き上がりになるので、軽く押さえる。

3 焼成【170℃ / 15～20分】

170℃のオーブンで15～20分ほど、こんがりと焼き色がつくまで焼く。

4 アパレイユ

ボウルにクリームチーズとグラニュー糖を入れる。グラニュー糖をゴムベラで押さえつけるようにして混ぜる。
➡ 泡立て器で混ぜると、空気が入りすぎて焼成中に膨らみ、冷めた後にしぼむ。また、火が入りすぎてざらついた生地になる。

5

グラニュー糖が全体に行き渡ったら、ボウルを横にして、ボウルの側面を使ってクリームチーズをゴムベラで練る。
➡ P.127「クリームチーズを練る」参照。

6

5にサワークリームを加えて混ぜあわせる。

7
発酵バターをゴムベラで混ぜ、**6**と同じくらいのやわらかさにする。

8
7を**6**に加えて混ぜあわせる。

9
卵黄を溶き、2〜3回に分けて加え、そのつどゴムベラの先をボウルの底に押しつけながらぐるぐると混ぜて乳化させる
➡ P.010「乳化させる」参照。

10
生クリームを2回に分けて加え、そのつど**9**と同様に混ぜる。
➡ 分離しやすいので一気に加えないこと。

11
しっかりと乳化して、ぷるんと弾力がある状態になったら漉す。
➡ なめらかな口あたりになるよう、漉して、卵のカラザを取り除き、クリームチーズのダマをつぶす。

12
グリュイエールチーズを削り入れ、ざっと混ぜる。
➡ グリュイエールチーズが全体に行き渡ればよい。

13

焼成❶
【150℃ / 15〜20分】

3のセルクルにアパレイユを流し入れる。ゴムベラをアパレイユの表面で上下に細かく振動させると平らになる。
➡ クランブルは焼きたての熱い状態のものを使ってもよい。

14
150℃のオーブンで15〜20分焼く。ゆすると、全体が均一にゆれるようであれば中まで火が通っている。
➡ 焼きすぎないことで、舌ざわりなめらかな仕上がりになる。

15
天板が素手で持てるくらいの熱さになるまで常温において冷ます。

16

焼成❷【200℃ / 5分】

200℃のオーブンに5分ほど入れ、表面に焼き色をつける。
➡ アパレイユが熱いうちに焼き色をつけると、火が入りすぎてしまうので、必ずいったん冷ます。アパレイユには必要以上に火を入れず、焼き色だけをつけたいので、高温で短時間加熱する。

スフレチーズケーキ

チーズアパレイユにメレンゲをあわせ、
中温でじっくりと湯煎焼きし、しっとりと仕上げます。
ふんわりとして、口どけのよいチーズケーキです。

材料（直径15cmのジェノワーズ缶/1台分）
ジェノワーズ生地（直径15cm）… 厚さ1cm分
アンズジャム … 30g

● アパレイユ
クリームチーズ … 120g
ソース・アングレーズ
　卵黄 … 40g
　グラニュー糖 … 20g
　コーンスターチ … 10g
　牛乳 … 80g
　バニラビーンズ … 適量
メレンゲ
　卵白 … 80g
　グラニュー糖 … 40g

下準備
・ソース・アングレーズをつくる（P.151～152「フルーツピュレのムース」**6～10**参照。ただし、板ゼラチンは使わない。また、分量が少ないので、ゴムベラではなく泡立て器を使い、鍋底にかたまりができはじめたような手ごたえを感じたらすぐに火からおろし、よく混ぜて余熱で火を通す。粗熱をとってから使う）。
・卵白はボウルに入れ、ふちがシャリシャリに凍るくらいまで冷凍庫で冷やす。

1

型の準備

型の側面にやわらかくしたバター（分量外）をハケでぬる。型の底に内径と同じ大きさに切ったオーブンペーパーを表を上にして敷く。

2

ジェノワーズ生地にアンズジャムをぬる。ジャムをぬった面を上にして**1**の型の底に敷く。冷蔵庫で冷やしておく。

3

アパレイユ

なめらかにしたクリームチーズにソース・アングレーズを少量ずつ加える。
➡ クリームチーズはP.127「クリームチーズを練る」を参考に、なめらかにしておく。

↓

そのつどよく混ぜて乳化させる。
➡ ゴムベラの先をボウルの底に押しつけながらぐるぐると混ぜて乳化させる（P.010「乳化させる」参照）。

↓

これを繰り返し、ぷるんと弾力のある状態にする。

4

別のボウルに冷凍庫で冷やした卵白とグラニュー糖ひとつまみを入れ、高速のハンドミキサーで泡立てる。全体が白っぽくなったら、残りのグラニュー糖を加えて低速で約2分混ぜる（上写真）。立て終わりはゆるめでツヤのある状態。持ち上げるととろりと落ちる（下写真）。
➡卵白を冷凍して立ちにくい状態にし、ゆるめのメレンゲをつくる。しっかり泡立てたメレンゲだと、膨らみすぎて焼成中にあふれたり、表面が割れたりする。

5

3のボウルに4のメレンゲをひとすくい入れ、ハンドミキサーの羽を手に持って混ぜる。
➡メレンゲを少量加えることでアパレイユのかたさをメレンゲに近づける。このひと手間で気泡がつぶれにくくなる。

混ぜたものを4のボウルに加える。

手早くすくい混ぜる。
➡気泡をつぶさないようになるべく少ない回数、短い時間で混ぜ終える。全体が混ざればよい。

6

焼成【160℃／50分】

2の型に5を流し込む。ゴムベラをアパレイユの表面で細かく上下に振動させ、表面を平らにする。

7

手のひらに型を何度か落として空気を抜く。

8

天板に深めのバットを置き、バットに沸かしたての熱湯をはる。7の型を入れ、160℃のオーブンで50分、湯煎焼きする。

9

型と生地の間にすき間ができていたら（写真）、オーブンの電源を切る。オーブンに入れたまま粗熱がとれるまでおく。

10

逆さにして手のひらにのせ、取り出す。

フロマージュ・クリュ

焼かずにつくる濃厚なチーズケーキです。
ゼラチンは使わず、泡立てた生クリームを加えて冷やしかためます。
チーズの濃厚さと相性のよいマンゴーをあわせました。

材料（8×33×高さ4cmのカードル使用）

● シュクレ生地（3台分）
バター… 25g
アーモンドパウダー… 25g
粉糖… 25g
薄力粉… 25g

● ジェノワーズ生地（3台分）
全卵… 240g
グラニュー糖… 120g
薄力粉… 110g
牛乳… 40g

● アパレイユ（1台分）
クリームチーズ… 147g
グラニュー糖… 46g
塩… ひとつまみ
サワークリーム… 52g
生クリーム（乳脂肪分38％）… 98g
生クリーム（乳脂肪分47％）… 98g

● 組み立て（1台分）
レモンのジャム… 50g
マンゴー（一口大に切る）… 100g
生クリーム（デコレーション用）*… 適量
ピスタチオ（ローストする）、
レモンピール… 各適量

＊P.090「ショートケーキ」のデコレーション用生クリームと 同じものを使用。

下準備

・クリームチーズとサワークリームは常温におく。
・シュクレ生地をつくって厚さ2mmにのし（P.057〜058「タルト・フリュイ」**1〜19参照**）、幅8cm、長さ33cmに切り分ける。フォークで底にまんべんなく穴をあけ、170℃のオーブンで15〜20分焼く。
・ジェノワーズ生地をつくり（P.080〜082「純生ロールケーキ」**1〜11参照**）、33cm四方のロールケーキ天板に流し込んで焼く。冷まして、幅7cm、長さ31cmに切り、厚さ1cmにスライスする。
・レモンのジャムはハンドブレンダーでピュレ状にする。

アパレイユ

1
ボウルにクリームチーズ、グラニュー糖、塩を入れてゴムベラで混ぜ、やわらかくダマのない状態にする。
➡ P.127「クリームチーズを練る」参照。

2
サワークリームを加えて混ぜあわせる。

3
2のボウルを氷水にあてる。乳脂肪分38％の生クリームを少しずつ加え、そのつどゴムベラで混ぜる。これを繰り返し、乳脂肪分38％の生クリームをすべて加え混ぜる（写真）。
➡ さほどていねいに混ぜなくても大丈夫。だいたい混ざったら次を加える。

↓
泡立て器に持ちかえてさらに混ぜる。

124

↓  しゃばしゃばな状態であれば、持ち上げてもたれないくらいに軽く泡立てる。

6  ジェノワーズ生地を上面を下にして **5** にのせ、手で押さえてシュクレ生地と密着させる。

4  乳脂肪分47％の生クリームを少しずつ加え、そのつど軽く混ぜる。

7  **6** にカードルをはめ、マンゴーをのせる。
➡ マンゴーは端にはのせず、中央に寄せて置く。

↓  生クリームをすべて加えたら泡立てる。しっかりとツノが立ち、泡立て器から落ちないかたさになったら立て終わり。

8  アパレイユを口径10mmの丸口金をつけた絞り袋に入れ、型にそってぐるりと一周絞り入れる。
➡ 型と生地のすき間にアパレイユをきっちりと詰める。

5

組み立て

シュクレ生地にレモンのジャムをぬる。
➡ ジャムは接着用。レモン以外でも好みのものを使えばよい。

9  マンゴーのすき間を埋めるようにアパレイユを絞り入れる。

125

10 型にそってぐるりと一周絞り、残りもすべて絞り入れて表面を覆う。

15 角にパレットナイフをややかたむけてあて、ケーキの中央にむかってすっとならして、余分な生クリームを取り除く。最後に表面をパレットナイフで右から左にすーっとならす。

11 ゴムベラをアパレイユに対して45度の角度であて、表面をならす。アパレイユが乾燥しないようにカードルにラップフィルムをかけ、冷蔵庫で一晩冷やしかためる。
➡ この後、生クリームで表面をナッペするので筋などが多少残ってもよい。

16 パレットナイフをケーキの下にさしこんで持ち上げ、台に移す。

12 バットと網を重ね、網の上に11をのせる。ぬれぶきんを電子レンジで温めて型にあて、型をはずす。ゆるめに泡立てた生クリームをゴムベラですくってのせる。
➡ 型を温めるとケーキがきれいにはずせる。バーナーがあれば型をあぶって温めてもよい。

17 波型包丁で端を切り落とす。断面にカードをあて、アパレイユを4cm幅に切る。
➡ 波型包丁は切るたびに熱湯につけて温め、水気をふく。包丁をまっすぐにおろして切ること。

13 上面の生クリームをパレットナイフで平らにならす。

18 包丁が底のシュクレ生地にあたったら、包丁の背を左手で押してまっすぐにおろし、生地を切る。

14 側面も平らにならす。

19 ケーキを移動させるときは、断面にカードをあて、カードと包丁でシュクレ生地をはさむようにして動かすと崩さずに運べる。

クリームチーズを練る

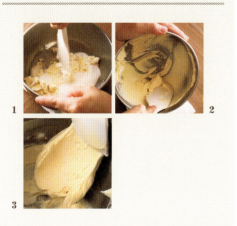

1 クリームチーズにグラニュー糖を加え、ゴムベラをボウルの底に押しつけるようにして混ぜあわせる。
2 グラニュー糖が混ざったら、ボウルを横にし、ボウルの側面を使って練る。こうすると力が入れやすく、早くやわらかくなる。
3 なめらかな状態になる。

column 2

重さのちがうものを混ぜるときは、混ぜ戻す

クリームチーズのようにかたいものに、液状のアパレイユや生クリーム、ふんわりとしたメレンゲなどを混ぜるとき、いきなりあわせるとダマになったり、きれいに混ざらないことがあります。このように重さやかたさにちがいがあるものを混ぜる場合は、一方にもう一方を少量加え混ぜ、重さを近づけてから混ぜ合わせます。ひと手間かかりますが、なめらかな生地をつくるためには大切な工程です。

1 重いもの（写真はクリームチーズとソース・アングレーズを混ぜ合わせたアパレイユ）に、軽いもの（写真はメレンゲ）をひとすくい入れる。
2 よく混ぜる。重いものがすこし軽くなる。
3 2を軽いものに加える。
4 混ぜ合わせる。重さやかたさを近づけたので、すんなりと混ざる。

レアチーズケーキ

ゼラチンを使ってかためる、さわやかで口どけのよいチーズケーキ。
柑橘のコンポートをあわせて、
すっきりとした味わいにまとめました。

材料（直径5.5cm・高さ4cmのセルクル /8個分）

●クランブル
バター… 35g
薄力粉… 65g
グラニュー糖… 20g
塩… 少量

●柑橘のコンポート
柑橘＊… 約2〜3個
グラニュー糖… 50g
水… 50g

●アパレイユ
ソース・アングレーズ
　牛乳… 25g
　卵黄… 20g
　グラニュー糖… 10g
板ゼラチン… 5g
レモン汁… 12g
キルシュ… 2g
クリームチーズ… 120g
グラニュー糖… 40g
ヨーグルト… 100g
生クリーム（乳脂肪分38%）… 80g

●組み立て
柑橘のゼリー液
　柑橘のコンポート（上記）の煮汁… 30g
　板ゼラチン… 1g
ピスタチオ（きざむ）… 適量

＊ここではネーブルオレンジを使っているが、好みのものを使えばよい。

下準備
・オーブンを170℃に予熱する。
・卵黄、クリームチーズ、ヨーグルト、生クリームは冷たくない状態にする。
・板ゼラチンは氷水でふやかす。

1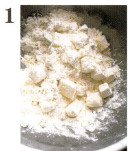

クランブル

バターは1cm角に切って薄力粉をまぶし、冷凍庫でよく冷やす。
➡指で押してもへこまないくらいのかたさになるまで冷凍庫におく。

2

フードプロセッサーに材料をすべて入れてまわし、そぼろ状にする。

3

両手ではさんでこすりあわせ、さらに細かいそぼろ状にととのえる。

4

写真のように細かくする。
➡このレシピのように、ケーキの底に敷くときは、こすりあわせて細かくする。タルトなどの上にのせる場合は、食感の変化がほしいので指先でつまみ、粗いものと細かいものが混ざった状態にする。

5

天板にシルパンを敷き、セルクルを並べる。セルクルの中に15gずつクランブルを入れ、スプーンの背で軽く押さえる。
➡ アパレイユのやわらかさにあわせて、軽やかな食感にしたいので押さえすぎないこと。ただし、ある程度押さえてかためないと焼き上がった後、ばらばらになってしまうので注意する。

6

クランブルの焼成
【170℃ / 15～20分】

170℃のオーブンで15～20分焼き、天板にのせたまま冷ます。パレットナイフを使い、オーブンペーパーを敷いたバットに移す。
➡ クランブルがもろいので、崩れないようパレットナイフを使う。

7

柑橘のコンポート

ここではネーブルオレンジを使う。まず、上下を切り落とし、まな板に置く。ペティナイフを前後に動かして、オレンジのまるみにそって皮をむく。
➡ 白い筋が残ってもよいので薄めにむき、少しずつむくときれいな形になる。

8

皮が全部むけたら果肉を手に持ち、残った白い筋をそぐ。
➡ 筋が残っていると、房がきれいにはずせないので、ていねいに取り除く。

9

果肉をはずす。1房目は薄皮の内側にそって中心までナイフをV字に入れ、果肉を取り出す。
➡ 薄皮を切り離さないように気をつける。

10

2房目からは、まず手前側の薄皮の内側にそってナイフを入れる。中心までいったらナイフを返し、果肉と奥側の薄皮の間に入れる。

↓

そのまま薄皮にそってナイフを動かし、果肉を薄皮からやさしくはがす。

11

小鍋にグラニュー糖と水を入れ、沸かしてシロップをつくる。そこに10の果肉を加え、弱火で5分弱煮る。途中、アクが出たら取り除く。

12

くたっとしたら火を止める。煮汁にひたしたまま粗熱がとれるまで常温で冷ます。

13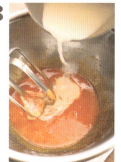

アパレイユ

ソース・アングレーズをつくる。鍋に牛乳を入れて火にかける。牛乳を温める間、ボウルに卵黄を入れて溶き、グラニュー糖を加えてすぐに混ぜる。牛乳の鍋肌がふつふつと沸いてきたら、卵黄のボウルに注ぎ、混ぜる。

湯煎にかけ、ゴムベラでたえず混ぜながらとろみがつくまで温める。ボウルの底をゴムベラでこすると、あとが残るくらいが目安。

ヨーグルトを加えるごとに、ゴムベラの先をボウルに押しつけるようにして円を描くように混ぜ、ヨーグルトをクリームチーズとなじませる。

14
ボウルにふやかした板ゼラチン、レモン汁、キルシュを入れ、湯煎にかけてゼラチンを溶かす。

これを繰り返し、ヨーグルトがすべて入ったら、さらによく混ぜてなめらかな状態にする（写真）。
➡ ヨーグルトとかたさの差があまりなくなってきたら、一度に加える量を増やしてもよい。

15
13のボウルに14を加え、ゴムベラで混ぜる。氷水にあてて粗熱をとる。
➡ 冷やしすぎるとかたまってしまうので注意。

18
17のボウルに15を漉し入れる。均一な状態になるまで混ぜあわせる。
➡ 漉して、カラザ、ゼラチンの溶け残り、火が入りすぎてかたまってしまった卵のダマなどを取り除き、なめらかな口あたりにする。

16
別のボウルにクリームチーズを入れ、ゴムベラで混ぜてかたさを均一にする。グラニュー糖を加え、ボウルの側面を使ってよく練り、ダマのないなめらかな状態にする。
➡ P.127「クリームチーズを練る」参照。

19
別のボウルに生クリームを入れ、氷水にあてて、ゆるめに泡立てる。泡立て器ですくうと、ツノがすぐにおじぎするくらいのかたさ（写真）にする。

17
ヨーグルトを少量ずつ加える。
➡ クリームチーズとヨーグルトはかたさがちがうので、一気に加えるとダマになってしまう。加えはじめは特に少量ずつ入れる。

20
19のボウルに18を静かに加え、泡立て器でやさしくすくい混ぜる。

だいたい混ざったら（写真）、ゴムベラに持ちかえる。

24 23に汁気をきった柑橘のコンポートをのせて表面を覆う。冷蔵庫で2時間以上冷やしかためる。

全体が均一な状態（写真）になるまで、すくい混ぜる。
➡気泡をつぶさないよう、なるべく少ない回数で混ぜ終えること。

25 冷やす間に柑橘のゼリー液をつくる。柑橘のコンポートの煮汁とふやかした板ゼラチンをあわせ、湯煎にかけてゼラチンを溶かし混ぜる。

21

組み立て

クランブルの入ったセルクルにアパレイユを6分目の高さまで流し入れる。
➡スプーンで流し入れても、絞り袋で絞り入れてもよい。

26 25を氷水にあて、とろみがついてきたら24にかける。ピスタチオを散らす。冷蔵庫でしっかりと冷やす。
➡ゼリー液はコンポートのすき間を埋めるように流し入れる。コンポートを伝って、セルクルの外にゼリー液が流れやすいので、少しずつていねいに注ぐ。

22 柑橘のコンポートの汁気をきる。2切れずつ、アパレイユに埋め込むようにして入れる。

27 電子レンジで温めた濡れぶきんをセルクルに巻き、型をはずす。
➡バーナーがあれば、型をあぶって温めてもよい。型を温めると、アパレイユがはずれやすくなる。

23 残りのアパレイユを8等分してコンポートの上に流す。冷蔵庫に15分ほど入れる。
➡24で上にのせるコンポートが沈まないよう、アパレイユを冷やしてややかためる。かためすぎるとコンポートがアパレイユの表面をすべって盛りづらくなるので注意。

28 下からクランブルをそっと押し上げてセルクルから抜く。

8

メレンゲ

Meringue

●卵白はなぜ泡立つか

メレンゲは、卵白に含まれるたんぱく質がもつ起泡性と空気変性という2つの特性を利用してつくります。起泡性とは空気を抱え込んで泡立つ性質のことで、空気変性とは泡立てることで空気にふれ、性質が変わることです。空気変性をおこした卵白のたんぱく質は膜状になり、泡立った状態を保ちます。ただし、泡立てすぎると膜の構造が壊れ、離水します。離水したメレンゲはぼそぼそとした状態になり、二度ともとには戻りません。

●メレンゲの種類

メレンゲにはフレンチ・メレンゲ、イタリアン・メレンゲ、スイス・メレンゲの3種類があります。この本ではフレンチ・メレンゲとイタリアン・メレンゲを使ったお菓子をご紹介しています。

●フレンチ・メレンゲとは

卵白に砂糖を加えて泡立ててつくります。加える砂糖の量は卵白よりも少ないことがほとんど。卵白と砂糖の比率、加糖のタイミング、温度、立て具合によって、かたさやボリュームが変わります。つくるお菓子にあわせて、かたさ、ボリュームを調整します。時間をおくと気泡が消えていくので、つくったらすぐに使います。
→ムラング・シャンティイ (P.140)、焼きショコラ (P.136)、ダックワーズ (P.137)

●イタリアン・メレンゲとは

イタリアン・メレンゲはしっかりと泡立てた卵白に117〜124℃に熱したシロップを注ぎ、粗熱がとれるまで泡立ててつくります。熱いシロップを注ぐことで、卵白に火が入ります。加熱済みで衛生的なので、生菓子に使われることが多いです。できあがりはツヤがあり、気泡の状態が安定したメレンゲです。
→クレーム・ダンジュ (P.138)、フルーツピュレのムース (P.139)

●スイス・メレンゲとは

砂糖の割合が多く、湯煎で50℃くらいに温めながら泡立ててつくります。保形性が高く、かたく焼き上がるため、人形や動物の形に絞り出して焼成し、デコレーションケーキの飾りに使ったり、低温で長時間乾燥焼きして、小菓子にしたりします。

フレンチ・メレンゲ。
卵白の温度や砂糖を加えるタイミングによって、
きめの細やかさや、気泡の丈夫さがことなる。

●卵白の温度
冷たい卵白は泡立つのに時間がかかります。しかし、その分、きめが細かくて安定したメレンゲがつくれます。

●卵白の鮮度による泡立ちのちがい
卵白の鮮度によっても、泡立ち具合は変わってきます。卵白は卵黄のまわりにある濃厚卵白と、その外側にある水様卵白に分かれ、それぞれ泡立ちやすさや気泡の安定性がちがいます。卵が古くなると濃厚卵白は水様化するため、泡立ちやすくなりますが気泡はこわれやすくなります。

	水様卵白	濃厚卵白
泡立ちやすさ	泡立ちやすい	泡立ちにくい
安定	不安定	安定している
時間	すぐに泡立つ	泡立つのに時間がかかる

●砂糖の比率と泡立ちの関係
砂糖は水分を引きつけるため、たくさん入れれば粘度が高まり、気泡が安定します。しかし、粘度が高くなりすぎると卵白の空気変性がさまたげられ、泡立ちにくくなります。
メレンゲをつくる際、泡立てる前に加える砂糖は少量のみで、ボリュームが増えてから2〜3回に分けて加えることが多いのは、このため。ある程度、泡立ってから砂糖を段階的に加えることで、ボリュームをしっかり出しつつ気泡を安定させることができます。

●砂糖を加えるタイミング
卵白と砂糖の比率が同じであったとしても、加えるタイミングによって仕上がりは変わります。もしも、きめ細かく、目の詰まったメレンゲをつくりたいのならば、砂糖は早めに加え、時間をかけて泡立てます。
一方、ボリュームがあって軽やかなメレンゲをつくりたいときは、ある程度泡立ってから、数回に分けて加えます。

イタリアン・メレンゲ。
熱したシロップを加えて泡立てるため、
卵白に火が入る。できあがりはツヤのある状態。

●メレンゲを安定させる材料
乾燥卵白やレモン汁を混ぜると、メレンゲの状態
を安定させることができます。乾燥卵白を加える
と状態が安定するのは、卵白の濃度が高くなるた
め。レモン汁は、アルカリ性の卵白を中性に近づ
けるためです。

●フレンチ・メレンゲ　失敗の原因
その1：泡立てすぎる
泡立てすぎると離水してしまい、ぼそぼそとした
状態になってしまいます。

その2：加糖のタイミングが遅い
砂糖は水分を吸収して気泡を安定させてくれま
す。的確なタイミングで砂糖を加えることで、離
水しづらくなります。

その3：卵白の温度が高い
卵白は温度が高いと早く泡立ち、したがって離水
するのも早くなります。

●イタリアン・メレンゲ　失敗の原因
その1：卵白が冷たい
卵白が冷たいと、シロップは注いだそばからかた
まってしまい、全体に行き渡りません。卵白は必
ず冷たくない状態にしておくことが大切です。卵
白の温度や室温が低い場合は、電子レンジで温め
たぬれぶきんをボウルの下に敷くなどして、卵白
が冷たくない状態を保ちましょう。

その2：シロップの温度が高すぎる
加えるシロップの温度は117〜124℃にします。シ
ロップは温度が高くなるほど、ねっとりとしてし
まい、泡立ちが悪くなります。また、シロップの
熱で卵白が煮えてしまい、舌ざわりが悪くなりま
す。シロップが117℃になったらすぐに加えられ
るよう、できるだけタイミングをあわせて卵白を
泡立てましょう。

その3：シロップがハンドミキサーにあたっている
シロップを注ぎ入れるとき、ハンドミキサーの羽
にあたってしまうと、シロップがボウルの側面に
飛び散り、冷えてかたまってしまいます。すると、
必要な量の糖分が卵白の中に入らず、甘くないイ

タリアンメレンゲになってしまいます。

その4：卵白の泡立てが足りない
シロップを注ぐ時点で卵白の泡立てが不十分だ
と、できあがったメレンゲのボリュームが少なく
なり、ねっとりとした仕上がりになってしまいま
す。

●スイスメレンゲ　失敗の原因
その1：泡立てるのが遅い
砂糖の比率が多いため、粘りがではじめる前に空
気をたくさん含ませないと、ねっとりとしてボ
リュームのない、だれたメレンゲになってしまい
ます。

136 焼きショコラ (→ P.142)

ダックワーズ(→P.144)

138　クレーム・ダンジュ (→ P.147)

フルーツピュレのムース (→ P.150)

ムラング・シャンティイ

低温のオーブンでじっくり乾燥焼きしたメレンゲに、
泡立てた生クリームをはさむフランス菓子です。
好みの量、デザインに盛り、サクサクのうちに食べましょう。

材料（つくりやすい分量）
卵白 … 40g
グラニュー糖 … 40g
粉糖 … 25g ＋適量
アールグレイ茶葉（粉末状）* … 3g
サワークリーム・シャンティイ
　（P.062）… 適量
イチゴのムース、イチゴ、
　フランボワーズ … 各適量
＊茶葉をミルミキサーで粉末状にしたもの。

下準備
・粉糖とアールグレイ茶葉はあわせて
　ふるっておく。
・オーブンを100℃に予熱する。

1

メレンゲ

ボウルに卵白、分量の約⅓量のグラニュー糖を入れ、高速のハンドミキサーで1〜2分泡立てる。白くふんわりと泡立ったら、残りのグラニュー糖を加える（上写真）。低速でさらに5〜6分泡立てる。ツノがたれないかたさになったら泡立て終わり（下写真）。

→まず、高速で卵白に空気をたっぷりと含ませる。かさが少ないうちは、ボウルをかたむけて泡立てるとよい。低速にしたら、メレンゲのきめを細かく均一にととのえるつもりで、ハンドミキサーを静かに円を描くように動かす。気泡が粗かったり、大きさがバラバラだと、焼成でヒビ割れやすい。

2

粉糖（25g）とアールグレイ茶葉を加えて、ゴムベラでさっくりと混ぜる。
→気泡をなるべくつぶさないように混ぜる。粉っぽいところが残っていなければ混ぜ終わり。

粉っぽいところが残っていなければ混ぜ終わり。星口金（12切り・8番）を付けた絞り袋に詰め、オーブンシートを敷いた天板に絞り出す。100℃のオーブンで150分乾燥焼きし、オーブンが冷めるまで入れたままにする。

3

絞り出し

ローズ：絞り袋を垂直に構え、直径4.5cmの円状にまるく絞り出す。絞り終わりが円からはみ出さないように気をつける。また、高さが最初から最後まで同じになるよう意識して絞る。

シェル：絞り袋を斜め45度に構え、口金の端を天板につけて絞り始める。絞りながら、角度はそのままで口金の位置を1cmほど高くする。すると絞り出された生地が自然に奥に流れて膨らみができる。長さ4cmほどになったら絞りやめ、手前にすっと引く。

星：絞り袋を垂直に構え、口金の位置は天板から1cmほどの高さを保って絞る。直径2cmになったら絞るのをやめ、絞り袋をすっと真上に引く。

左ページの盛りつけ

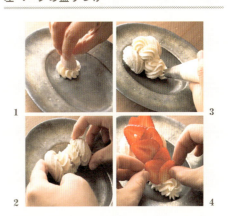

1 サワークリーム・シャンティイをまるく絞り、小さく冷やしかためたイチゴのムース（P.150）をのせる。**2** サワークリーム・シャンティイを絞ったローズのメレンゲ2個で**1**をはさむ。**3** サワークリーム・シャンティイを**2**の上から皿の手前まで絞る。**4** スライスしたイチゴを飾る。手前にサワークリーム・シャンティイを少し絞り、その上に星型のメレンゲをのせる。フランボワーズを飾り、粉糖をふる。

焼きショコラ

きめが細かくてやわらかいメレンゲでつくる、
しっとりしたチョコレートケーキです。
口どけがよく、小さいサイズながらとても濃厚で食べごたえがあります。

材料（直径9cm・高さ6cmのジェノワーズ缶 /2台分）
バター… 48g
ダークチョコレート（カカオ分57％）… 40g
ダークチョコレート（カカオ分70％）… 40g
グラニュー糖… 24g
卵黄… 24g
薄力粉… 8g
ココアパウダー… 2g
卵白… 48g
グラニュー糖… 24g

下準備
・板状のチョコレートを使う場合はきざむ。
・薄力粉とココアパウダーはあわせてふるう。
・卵白はボウルに入れ、ふちがシャリシャリに凍るまで冷凍庫で冷やす。
・オーブンは160℃に予熱する。

2
ボウルにバター、チョコレート、グラニュー糖を入れて湯煎にかけ、バターとチョコレートが溶けてツヤが出るまでゴムベラで混ぜる。

3
2のボウルに卵黄を加え、ぷるんとした弾力が出るまでゴムベラで混ぜる。

4
あわせてふるった薄力粉とココアパウダーを一気に加え、泡立て器で粉気がなくなるまで混ぜる。

5
ゴムベラに持ちかえてさらに混ぜ、均一な状態にする。冷めないよう、湯煎にかけたままおいておく。

1

生地

高さ 6cm ×長さ 約 33cm に切ったオーブンペーパーを型に入れて側面を覆い、直径9cm に切ったオーブンペーパーを底に敷く。
➡オーブンペーパーは表を内側にして敷く。表が内側だと焼成中に膨らんだ生地が冷めるとき、ペーパーにくっつかずきれいに沈む。

6
卵白はボウルに入れ、写真のようにふちがしゃりしゃりに凍るまで冷凍庫に入れておいたものを使う。

7

6にひとつまみのグラニュー糖を入れ、高速のハンドミキサーで泡立てる。
➡はじめはかさが少ないのでボウルをかたむけると泡立てやすい。

11

焼成【160℃ / 24分】

1の型に10を流し入れる。手のひらの上にトントンと落として表面を平らにならす。天板にのせ、160℃のオーブンで24分焼く。
➡割れ目が乾いていれば焼き上がり。

8

白っぽくなったら、残りのグラニュー糖をすべて加え、中速にしてさらに泡立てる。
➡中速できめをととのえながら、ゆっくりと泡立てる。

12

焼き上がったら、すぐにふきんを敷いた台の上に軽く落とし、生地の中の熱い空気を抜く。網の上で冷ます。

9

スジがくっきりと出るようになり（上写真）、持ち上げるとツノがやわらかくたれ、ツヤのある状態になったら（下写真）、泡立て終わり。
➡よく冷やした卵白を使う上に、グラニュー糖を一度に加えるため、泡立つのに時間がかかるが、目の詰まったやわらかいメレンゲができる。

13

粗熱がとれる頃には生地が沈んで表面が平らになっている。側面のオーブンペーパーを引き抜いてはずし（上写真）、型を逆さにして手のひらの上に生地を出す（下写真）。

↓

↓

10

9のメレンゲに5を一気に加え、ゴムベラで下からすくい上げるようにして混ぜる。
➡混ぜはじめは水っぽいが、混ぜ続けると乳化してぷるんとまとまった状態になる。チョコレートは温かい状態で加えないと、生地に空気が入ってしまうので注意する。

14

網の上で冷ます。

143

ダックワーズ

さっくり歯切れよく、ふっくらしているのが、わたしの理想のダックワーズ生地。
メレンゲの泡立て具合、メレンゲと粉類の混ぜ具合がポイントです。
クリームをはさんでから、3日くらいで食べ頃になります。

材料（6個分）
- イタリアンメレンゲ（つくりやすい分量）
  卵白…30g
  グラニュー糖…60g
  水…20g

- バタークリーム（つくりやすい分量）
  バター…135g
  イタリアンメレンゲ…上記全量

- プラリネショコラクリーム
  バタークリーム…上記より30g
  アーモンドプラリネ…15g
  ダークチョコレート（カカオ分70％）…5g

- ダックワーズ生地
  アーモンドパウダー…55g
  粉糖…30g
  薄力粉…12g
  卵白…75g
  グラニュー糖…34g
  レモン汁…3g

下準備
- イタリアンメレンゲの卵白は冷たくない状態にしておく。
- イタリアン・メレンゲをつくる（P.147～148「クレーム・ダンジュ」3～7参照）。
- バターはやわらかめにする（P.015参照）。
- チョコレートは板状のものを使う場合はきざむ。
- ダックワーズの卵白はボウルに入れて冷凍庫におき、まわりがシャリシャリに凍るまで冷やす。
- オーブンは180℃に予熱する。

1

バタークリーム
常温においたバターをゴムベラで混ぜて均一な状態にする。
➡ バターのダマが残ると、コルネで絞るときに詰まってしまう。

2

イタリアン・メレンゲを冷まし、**1**を加える。低速のハンドミキサーでよく混ぜて乳化させ、空気を含ませる。
➡ イタリアン・メレンゲは、混ぜたときにバターが溶けないくらいの温度に冷ます。バターが溶けるとクリームの仕上がりがゆるくなる上に、口どけが悪くなる。

3

プラリネショコラクリーム
アーモンドプラリネとダークチョコレートをあわせ、湯煎にかけて溶かし混ぜる。常温に冷ましてからバタークリームに加える。ゴムベラで混ぜあわせる。
➡ ここでも、バターを溶かさないようにすることが大切。

4

ダックワーズ生地
アーモンドパウダー、粉糖、薄力粉をあわせ、2回ふるう。
➡ あわせてふるうことで粉糖がアーモンドパウダーをコーティングし、アーモンドの油分でメレンゲの泡が消えるのを防いでくれる。

5

卵白はボウルに入れて冷凍庫におき、まわりがシャリシャリに凍るまで冷やす。

6

5のボウルにグラニュー糖をひとつまみとレモン汁を加え、かさが増えるまで高速のハンドミキサーで泡立てる。
➡まず、高速で泡立ててたくさんの空気を含ませる。かさが少ないうちはボウルをかたむけて泡立てるとよい。

7

写真のようにかさが増えたら、残りのグラニュー糖のうち半量を加える。中速にしてさらに泡立てる。
➡細かくて均一な泡をたくさん含んだ状態になるよう、速度を下げて、きめをととのえながら泡立てる。

8

写真のようにきめがととのってきたら、グラニュー糖の残りを加える。中速のまま、さらに5分ほど泡立てる。

↓

メレンゲとボウルの間にすき間ができはじめたら立て終わり。

↓

持ち上げると、ピンとツノが立つ。

9

4を一気に加え、ゴムベラですくい混ぜる。粉気がなくなり、ツヤが出てきたらすぐに混ぜるのをやめる。混ぜすぎないように注意する。

10

シャブロン型に霧吹きで水を吹きかけて濡らす。オーブンシートを敷いた天板にのせ、型の内側以外の水分をふき取る。
➡型の内側を濡らしておくと、生地を絞り入れた後、型を抜きやすい。

11
口径12mmの丸口金を付けた絞り袋に**9**を入れ、型にすき間ができないように絞り込む。
➡ふちよりもやや高いくらいまで絞る。

12
パレットナイフで生地を型のすみまで押しこむ。

13
パレットナイフで余分な生地をすりきり、表面を平らにする。

14
型をそっと真上に持ち上げてはずす。

15
オーブンシートごと天板に移す。茶漉しで粉糖をふり、しばらくおく。

16
写真のように粉糖が溶けたら、ふたたび粉糖を茶漉しでふる。

17
焼成【180℃→150℃/16分】
180℃で予熱したオーブンに入れ、150℃にして16分焼く。天板にのせたまま冷ます。

18
組み立て
コルネにプラリネショコラクリームを入れ、ダックワーズ生地の底面に5gずつ絞る(コルネの作り方→P.061)。

19
もう1枚の生地ではさむ。

バタークリーム
バタークリームにはバターを泡立てただけのものや、パータボンブ、またはイタリアンメレンゲと混ぜたものなどがある。余ったバタークリームは冷凍保存も可能。

クレーム・ダンジュ

クリームチーズにイタリアンメレンゲと泡立てた生クリームを混ぜた、
ふわふわのお菓子です。空気をたっぷり含ませるのがポイント。
ソースはゼラチンでかためず、食べるときに添えてもよいと思います。

材料
（直径6.5cm・高さ5cmの容器を使用）

● ソース（24個分）
フランボワーズのピュレ [*1] … 100g
グラニュー糖 … 20g
レモン汁 … 6g
フランボワーズのリキュール
　（「クレーム・ド・フランボワーズ」ルジェ）[*2] … 6g
板ゼラチン … 2g

● イタリアンメレンゲ（10個分）
卵白 … 45g
グラニュー糖 … 90g
水 … 30g

● チーズクリーム（10個分）
クリームチーズ … 80g
フロマージュ・ブラン [*3] … 95g
生クリーム … 100g
イタリアンメレンゲ … 上記より56g

不織布ガーゼ（20cm四方）[*4] … 1個につき2枚

*1：市販品。冷凍のものを解凍して使う。
*2：なければキルシュを使う。
*3：乳酸発酵のみで熟成させないフレッシュチーズ。脂肪分が少なく、さっぱりとした風味。
*4：衛生面を考慮して、使い捨ての不織布ガーゼ（「KPディスポガーゼ」cotta）を使用。製菓材料店などで入手可能だが、手に入らなければ、薬局で買える医療用滅菌ガーゼでもよい。

下準備
・板ゼラチンは氷水でもどしておく。
・卵白、クリームチーズ、フロマージュブランは冷たくない状態にしておく。

1 ソース

ボウルに板ゼラチン以外の材料をすべて入れる。湯煎にかけて混ぜ、グラニュー糖を溶かす。温まったら、もどした板ゼラチンを加え、混ぜながら溶かす。

2

直径3cmの半球型フレキシパンに流し入れ、冷凍庫で凍らせる。
➡ フレキシパンはシリコン製のやわらかい型。冷凍にも焼成にも使える。

3 イタリアンメレンゲ

ボウルに卵白を入れ、グラニュー糖のうち少量を加える。

4

シロップをつくる。鍋にグラニュー糖の残りと水を入れて火にかけ、軽く混ぜてから火にかけて沸かす。
➡ グラニュー糖が底にたまっているとカラメル状になってしまうので、軽く混ぜる。溶かしきる必要はない。

5

3のボウルをかたむけ、ハンドミキサーの高速で泡立てる。かさが増えてきたらボウルをまっすぐにして、さらに泡立てる。
➡ 卵白の量が少ないので、かさが増えるまではボウルをかたむけて泡立てる。

9

生クリームはボウルに入れて氷水にあてて泡立て、8分立てくらいにする。

6

4のシロップが沸きはじめたら温度計を差しこみ、温度をはかる。

10

9にイタリアンメレンゲを加え、泡立て器ですくい混ぜる。
➡ 泡立て器ですくって持ち上げたままにしていると、重みで自然とワイヤーの中に入り、その後、下に落ちていく。これを繰り返し、気泡をなるべくつぶさずに手数少なく混ぜる。

↓

5の卵白が白くふんわりと泡立ち、シロップが117℃になったら、ミキサーの羽にあてないように注ぎ入れ、泡立てる。

11

生クリームとイタリアンメレンゲがだいたい混ざったら、8を一気に加える。
➡ 生クリームとイタリアンメレンゲが混ざりきらずに、ところどころマーブル状になっているくらいで8を10に加える。

7

ボウルが熱くなくなり、スジがくっきりと残るくらいしっかりと泡立ったらできあがり。
➡ 生クリームとあわせるので、しっかり冷ますこと。

12

10と同様に混ぜる（上写真）。だいたい混ざればよい（下写真）。

8

チーズクリーム

ボウルにクリームチーズを入れ、フロマージュブランを少量ずつ加え、そのつどゴムベラで混ぜる。すべて加えたら、ダマのないなめらかな状態になるまでよく混ぜる。
➡ かたさが違うので、少しずつ加えないとダマになる。かたさが近くなってきたら多めに加えてもよい。

↓

14

組み立て

プラスティックカップに不織布ガーゼ（20cm四方）を2枚重ねて敷く。

15

口径12mmの丸口金をつけた絞り袋にチーズクリームを入れ、**14**にカップの高さの8割ほど絞り入れる。

16

凍らせたソースをフレキシパンからはずして**15**の真ん中に入れ、カップの中心までぐっと押し込む。

17

チーズクリームを絞ってソースを覆う。

18

ガーゼを折りたたみ、フタをかぶせるかラップフィルムで覆う。冷蔵庫に一晩おいて冷やしかためる。

小鍋と温度計

イタリアンメレンゲをつくるにはシロップを117℃に熱することが大切。耐熱の温度計を用意してきちんと温度をはかるようにする。また、シロップは少量しかつくらないので小鍋を使う。カラメルや柑橘のコンポート（P.128）をつくるときも小鍋で。大きな鍋だと水分が蒸発しすぎてしまう。

フルーツピュレのムース

フルーツの味をストレートに感じられるよう、
イチゴのムースはイタリアンメレンゲでつくりました。
ムースの中にはベリーのジュレとバニラのババロアが。キレとコクが加わります。

材料（直径12cm・高さ4cmのセルクル / 2台分）

● イチゴとフランボワーズのジュレ
フランボワーズのピュレ [*1] … 40g
生クリーム（乳脂肪分38％）… 16g
グラニュー糖 … 10g
フランボワーズのリキュール
　（「クレーム・ド・フランボワーズ」ルジェ）… 2.5g
板ゼラチン … 0.75g

● バニラのババロア
ソース・アングレーズ
　牛乳 … 56g
　バニラビーンズ … 1/5本
　卵黄 … 20g
　グラニュー糖 … 15g
板ゼラチン … 1.8g
生クリーム（乳脂肪分38％）… 53g

● ビスキュイ生地
卵黄 … 40g
グラニュー糖Ⓐ … 20g
卵白 … 80g
グラニュー糖Ⓑ … 40g
薄力粉 … 62g
粉糖 … 適量

● イタリアンメレンゲ（つくりやすい分量）
卵白 … 34g
グラニュー糖 … 50g
水 … 17g

● イチゴのムース
イチゴのピュレ [*1] … 108g
板ゼラチン … 6g
生クリーム（乳脂肪分38％）… 126g
イタリアンメレンゲ … 上記より63g

● イチゴのナパージュ [*2]
イチゴのピュレ [*1] … 25g
イチゴジャム … 5g
板ゼラチン … 2g

● 仕上げ
生クリーム … 適量
イチゴ … 約9〜10粒

[*1]：市販品。冷凍のものを湯煎でとかし、冷たくない状態にして使う。
[*2]：ナパージュはケーキや飾りのフルーツの表面の乾燥防止とツヤ出しのためにぬるもののこと。

下準備
・板ゼラチンは氷水につけてもどす。
・イタリアンメレンゲをつくる（P.147〜148「クレーム・ダンジュ」3〜7参照）。余ったイタリアンメレンゲは、バターと混ぜあわせてバタークリームにして使うとよい。
・ソース・アングレーズの卵黄は冷たくない状態にしておく。
・ビスキュイ生地をつくる（P.086〜088「フルーツのロールケーキ」1〜13参照）。

※写真は記載分量の倍量。

1

フランボワーズのジュレ

直径9cm・高さ2cmのセルクルに食品用のアルコールを吹きかけて消毒する。ラップフィルムをかけ、4ヶ所をねじってとめる。
➡加熱しない菓子なので、型はアルコール消毒する。

2

ねじってとめただけだと、表面にしわが寄っている。

↓

ガス台の上にかざしてあぶる。
➡火から離してかざす。

↓

しわが伸びてぴんときれいな状態になる。ラップを貼った側を下にしてバットに並べる。

3

ボウルにフランボワーズのピュレを入れ、生クリームとグラニュー糖をあわせて沸かしたものを注ぎ入れる。ゴムベラでよく混ぜて乳化させる。

4

別のボウルにフランボワーズのリキュールともどした板ゼラチンを入れ、湯煎にかけて溶かしておく。ここに、**3**を注ぎ入れてゴムベラでよく混ぜる。

5

2のセルクルに、**4**を約33gずつ流し入れる。冷凍庫で凍らせる。

6

バニラのババロア

ソース・アングレーズをつくる。小鍋に牛乳とバニラビーンズを入れ、鍋肌がふつふつと沸くまで弱火にかける。

151

7

ボウルに卵黄を入れてよく溶き、グラニュー糖を加えてすぐに泡立て器ですり混ぜる。混ぜながら、6を注ぎ入れる。
➡ グラニュー糖を加えたらすぐに混ぜないとダマ（黄身ぶし）ができるので注意する。

12

泡立てた生クリームの入っているボウルに11を一気に加える。最初は泡立て器で静かにすくい混ぜる。

8
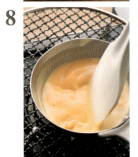
6の小鍋に戻し入れ、ごく弱い火にかける。ゴムベラでたえず混ぜながら、ゆっくりと火を入れていく。
➡ 量が少ないので、油断するとすぐに煮えてダマやかたまりができてしまう。たまに火からおろすなどして、少しずつ火を入れること。

13

だいたい混ざったらゴムベラに持ちかえて、さらにすくい混ぜる。マーブル状のところがなくなり、まんべんなく混ざったら混ぜ終わり。

9

写真のようにとろみがついたら、ふやかした板ゼラチンを加えて溶かし混ぜる。

14

フランボワーズのジュレを入れて冷やしかためたセルクルに13をふちまで流し入れ、冷凍庫で凍らせる。

10

氷水をあてたボウルに漉し入れ、ゴムベラで混ぜて粗熱をとる。粗熱がとれたら氷水からはずす。
➡ 漉してダマやカラザ、バニラビーンズのさやなどを取り除き、なめらかな口あたりにする。急冷するのは雑菌が繁殖しやすい温度を早く通過させるため。

15

ビスキュイ生地

口径10mmの丸口金を付けた絞り袋にビスキュイ生地を入れ、長さ6cmの棒状に絞り出す。（1台あたり約21本使用）
➡ 絞り袋は寝かせて構え、長さ6cmに絞り出す。

11

生クリームを7分立てにし、そのうちひとすくいを10に加え、泡立て器で混ぜる。

16

残りの生地をロール紙を敷いた天板に直径12cmの円状に絞り出す。
➡ 絞り袋は垂直に構え、口金の先はロール紙から2〜3cm離す。絞り出した生地を置いていくように絞り出すとよい。

17

焼成【200℃/15分】

それぞれ、粉糖を茶漉しでふり、粉糖が溶けて見えなくなったらもう1回ふる(写真)。200℃で15分焼く。ロール紙ごと網の上に移して冷ます。

↓

18

イチゴのムース

イチゴのピュレは湯煎で温め、ふやかした板ゼラチンを加えて混ぜ溶かす。氷水にあてて粗熱をとる。
➡ 冷やしすぎるとかたまってしまうので、粗熱がとれたらすぐにはずす。

↓ 20のボウルに戻し入れる。

19

生クリームは7分立てにする。
➡ 持ち上げたままでいると、とろっと落ちるくらいのかたさ。

22

泡立て器ですくい混ぜる。写真のようにざっと混ざったらゴムベラに持ちかえる。すくい混ぜて均一な状態にする。
➡ 気泡をつぶさないよう、混ぜる回数はなるべく少なくする。

20

19にイタリアンメレンゲを加える。気泡をつぶさないように気をつけながら、泡立て器ですくい混ぜる。
➡ 泡立て器ですくい上げ、ワイヤーの間を通すように落とすことを繰り返して混ぜる。

23

組み立て

ビスキュイ生地2種をロール紙からはがす。棒状のものは片端を切り落として長さ5cmにする。

21

18に20をひとすくい入れ(左写真)、よく混ぜる(右上写真)。

24

円状に焼いたビスキュイ生地は直径10.5cmの型で抜く。

25
ブラックに消毒用アルコールを吹き、OPPシートをのせ、手で空気を抜いてぴったりと貼りつける。直径12cmのセルクルをのせ、高さの半分くらいまでイチゴのムースを入れる。
➡ OPPシートは丈夫でハリのある透明なフィルム。

26
左手でセルクルが動かないようにしっかりと押さえながら、ゴムベラでムースをセルクルのふちに向かって斜めにならし、空気を抜く。

27
フランボワーズのジュレとバニラのババロアを入れて凍らせたセルクルを取り出し、底のラップをはがす。手で側面をあたため、セルクルをそっと上に引き抜く。

28
26の中央に、27をフランボワーズのジュレが上になるようにして入れる。セルクルが動かないように固定しながら、ジュレを軽く押さえて中央に埋め込む。
➡ イチゴのムースの中央に平らな状態で入るように埋め込む。セルクルをしっかり押さえていないとセルクルが浮き、下からムースがとび出る。

29
盛り上がったイチゴのムースをゴムベラで斜めにならす。
➡ 30でのせるビスキュイ生地がちょうど入る高さになるよう、余分なムースは取り除く。

30
セルクルが動かないように左手でしっかりと押さえながら、24のビスキュイ生地を底を上にしてのせ、手で押さえてイチゴのムースと密着させる。

31
ラップフィルムで表面を覆い、バット(もしくはまな板など)をのせ、上からぎゅっと押して表面を平らにする。

32
バットをはずす。ムースがかたまった後、型からはずしやすいように、ふちを一周、指でなぞる。冷凍庫に一晩入れて冷やしかためる。

33
イチゴのナパージュ
ボウルにイチゴのピュレとジャムを入れて湯煎にかけ、ふやかした板ゼラチンを加えて溶かし混ぜる。粗熱をとってから使う。
➡ 仕上げの途中、ムースを冷蔵庫に入れている間につくるとよい。

34
仕上げ
32のセルクルを冷凍庫から取り出し、底のOPPシートをはがす。ビスキュイ生地を下にしてコップなどの上にのせる。電子レンジで温めたぬれぶきんを側面にあてて型を温める。
➡ あれば、バーナーでセルクルを温める。

35  セルクルを下にずらしてはずす。

40  イチゴの間にもナパージュが流しこまれた状態にする。これを冷蔵庫に入れ、ムースを解凍する。2時間ほどで食べ頃となる。

36  パレットナイフでバット(もしくは盛りつけ用の皿)に移し、回転台にのせる。ゆるく泡立てた生クリームをムースの側面にパレットナイフで薄くぬる。
➡生クリームは接着用なので、あるものを使えばよく、さほどきれいにぬらなくてよい。

37  **23**のビスキュイ生地をまわりに貼る。

38  手で押さえてビスキュイ生地をムースにしっかりとくっつけ、冷蔵庫に入れる。

39  **38**に半分に切ったイチゴを飾り、表面にイチゴのナパージュをシリコンハケでぬる。きざんだピスタチオをふる。
➡ナパージュは、まずイチゴの表面にぬり、残りはハケにたっぷりと含ませてイチゴの間にたらし、すべて使い切る。

9

パイ

Feuilletage

● **もっとも大事なのは、バターを溶かさないこと**
パイ生地をつくるときは、小麦粉でつくった生地でバターを包み、薄くのばして折りたたむことを繰り返します。この生地を高温で焼成すると、バターの水分が一気に水蒸気となって小麦粉の生地を押し上げ、薄い生地が折り重なった層状に焼き上がるのです。バターを薄くのばすことができるのは、バターに可塑性という特性があるからです。可塑性とは粘土のように形を変えることができる性質のことで、バターは13〜18℃のときに、この性質をもっとも発揮します。冷たすぎれば折りたたんだときにぽっきりと折れてしまいますし、やわらかくなりすぎると可塑性を失ってのびなくなります。また、溶けると生地にしみこみ、焼成してもきれいな層がつくれません。パイ生地づくりでもっとも注意すべき点は、バターを折り込むのに最適な温度に保つことなのです。

● **折り込むたびに冷蔵庫でやすませるのはなぜか**
パイ生地は折り込むたびに最低でも30分は冷蔵庫でやすませます。これはバターを折りやすいかたさに保ち、小麦粉でつくる生地ののびをよくするためです。パイ生地をのばすと小麦粉の生地に力が加わり、グルテン(P.177参照)がでて、のびにくくなります。冷蔵庫でやすませることで、グルテンの結合がゆるみ、のばしやすくなるのです。また、折り込みの途中でもバターが溶けそうだったら、いったん作業を中断し、冷蔵庫で冷やしてから続きを行います。

● **折るたびに、向きを変える**
パイ生地は三つ折りと四つ折りをするたびに90度向きを変えてから次の三つ折り、四つ折りをします。これは、同じ方向にばかりのばしていると、焼成時に同じ方向にだけちぢみ、焼き上がりの形がいびつになるからです。折るごとに向きを変えることで、均等にちぢむようになります。

● **折り込みのコツは、角を出すこと**
生地は両端の辺がまっすぐで角が直角になるようにのばします。辺がまるいと、その部分だけ層が欠け、焼き上がりの厚みがバラバラになってしまいます。折るときは、端と端、角と角をすき間なくぴたっとあわせてから折り込みます。

● **生地がくっつかないよう、打ち粉をする**
生地をのばし、折り込むときは、生地が台にくっつかないよう、しっかりと打ち粉をしながら作業しましょう。

158 ミルフィーユ (→ P.166)

ピティビエ (→P.170)

パイ生地
のつくり方

ミルフィーユのパイ生地の材料（5個分）
● デトランプ[*1]
薄力粉 … 100g
強力粉 … 50g
水 … 75g
塩 … 2g
レモン汁 … 1g
溶かしバター[*2] … 15g
バター … 110g

ピティビエのパイ生地の材料（直径16cm/2台分）
● デトランプ[*1]
強力粉 … 170g
薄力粉 … 65g
水 … 100g
塩 … 4g
レモン汁 … 1g
溶かしバター[*2] … 50g
バター … 100g

*1：デトランプとは小麦粉に塩や水などを加えてまとめたもの。パイ生地をつくるとき、バターを折り込む前の生地を指すことが多い。
*2：湯煎、もしくは電子レンジの解凍モードで溶かしておく。

1

デトランプ

ボウルに薄力粉と強力粉を入れ、指先でぐるぐると混ぜる。
➡ 粉類はふるわなくてもよい。

2

水に塩を溶かし、レモン汁を加え混ぜる。**1**に加える。

3

指先でぐるぐると混ぜる。

4

ざっと混ざったら、溶かしバターを加える。

5

手で混ぜる。

6

まとまってきたら、生地で粉をぬぐうようにしてすべてくっつけ、まとめていく。

7

ひとまとまりになったら、底をとじる。
➡表面がざらっとしていても、ひとまとまりになればよい。

8

生地の高さの半分よりもやや上くらいまで十字の切りこみを入れる。乾燥しないようにビニールシートで包んで冷蔵庫に一晩おく。

9
バターをほぐす

冷蔵庫から出したてのバターをビニールシートに包み、たたいてやわらかくする。

10

二つ折りにして、ビニールシートで包む。

11

麺棒でたたき、のびのよい状態にする。

12

麺棒で厚さ1〜1.5cm、8cm角の正方形にのばす。冷蔵庫に10〜15分おいて冷やす。
➡やわらかすぎると溶けやすくなって折り込めないが、冷やしすぎてかたまると、ところどころちぎれてしまう。冷たいけれどものびるかたさに調整する。

13
バターを包む

8で切り込みを入れたところをたおし（上写真）、生地を広げる（下写真）。

14

生地を麺棒でのばし、12のバターをぴったり包める大きさにする。
➡きれいな四角形でなくてよい。くれぐれも大きくのばしすぎないように注意する。バターをちょうどぴったり包める大きさがよい。

15

表面の粉をハケではらう。
➡粉があると、生地とバターが密着しない。

16
生地の中央に **12** のバターを置く。生地をバターの側面にぴったりと密着させて折り、生地でバターを包む。

↓
生地のあわせ目をつまんでとじる。

↓
とじ終わり。

17
とじ目をすべて同じ方向に倒す。
➡ あわせ目が長かったり厚かったりすると、上側の生地だけが厚くなってしまう。**14** で大きくのばしすぎないことが大切。

18

生地をのばす
打ち粉をして裏返し、麺棒をぐっと押しあてて生地とバターを密着させる。
➡ のばす作業の間は、必要に応じて打ち粉を軽くふる。

19
生地が厚いうちは麺棒を生地に押しあてててながら半回転させ、少しずつのばす。

20
生地が薄くなってきたら麺棒を転がしてのばす。麺棒は生地の端まではあてず、少し手前で止める。

21
20 でのばし残した端をのばす。まず、真ん中あたりだけに麺棒をあてて転がし、左右にのばす。

↓
次に角に向かって斜めに麺棒をあてて転がし、角がきれいな直角になるようにのばす。これを四隅で繰り返す。

22
20〜21 を繰り返し、長さ20cmくらいまでのばす。
➡ 一気に力を入れてのばそうとせず、麺棒を何度もあてて、少しずつのばす。ただし、バターを溶かしたくないので、作業は手早く。

23 生地の表面の粉をハケではらう。

三つ折り

24 下から1/3ほど折り返す。

25 麺棒で押さえ、折り返した部分の生地を軽く密着させる。

26 端がまっすぐになるよう、ととのえる。

27 麺棒を生地の上で転がし、生地どうしをしっかりと密着させる。

28 折り返した部分の粉を払う。
➡ この時点で、折り返した生地の角がきれいな直角になっているように、**26**で生地の端の形をととのえ、**27**で生地の端まで麺棒をあてる。

29 上から折る。角をきちんとそろえて重ねる

30 麺棒を軽く転がして生地どうしを密着させる。

31 生地を90度回す。

32 わになっている方と反対の辺に麺棒をのせ、しっかりと押しあてる。
➡ 麺棒は生地がややへこむくらいしっかりと押しあて、生地がずれないように密着させる。**33**〜**34**も同様。

33
生地の手前側と奥側の端にも麺棒をあて、しっかりと押さえる。

34
×印をつけるように麺棒をあて、しっかりと押さえる。

35
麺棒を押しあてたところは点線のとおり。

~~~~~~~~~~~~ 四つ折り ~~~~~~~~~~~~

36
35の生地を裏返し、麺棒をぐっと押しあてながら半回転させ、少しずつ全体をのばす。

37
ある程度の長さになったら、麺棒を転がしてのばす。麺棒は端まであてず、手前で止める。

↓
21と同様にして、のばし残した端をのばす。
➡ まず、真ん中あたりだけに麺棒をあてて転がし、左右にのばす。次に角に向かって斜めに麺棒をあてて転がし、角がきれいな直角になるようにのばす。

38
全体を均一な厚みにのばしたら、生地を台から持ち上げ、パタパタと軽く上下にゆすって生地をゆるめ（下写真）、裏返す。

↓
途中、気泡ができてしまったら、ナイフの先でつついてつぶし、生地を指で押さえて穴をふさぐ。

39
37〜**38**を繰り返し、長さ約30cmにのばす。表面の粉をハケではらい、手前の端を生地の中央（点線）よりやや手前まで折り返す。
➡ 一気に薄くしようとするときれいにのばせない。少しずつのばして均一な厚みにしては裏返し、またのばすことを繰り返す。ただし、バターが溶けないよう、作業は手早く。

40
折り返した部分に麺棒をあて、軽く転がして生地どうしを密着させる。

41
奥側の端を、**40**で折り返した生地の端とぴったりとくっつくように折る。
➡ きれいな層をつくるため、生地のつなぎ目が生地の中央から少しずれるように折っている（生地のつなぎ目が、**44**で二つ折りにするときの折り目と重なると、つなぎ目が離れやすく、美しい層がつくれない）。

45
わになった方と反対の辺の上に麺棒を押しあて、生地を密着させる。

42
麺棒を軽く転がして生地どうしを密着させる。

46
左右の端にも麺棒をぐっと押しあてて生地を密着させる。

43
生地の端が角まできっちりとあわさっていなかったら、生地の長さを調整してつなげる。

47
×印をつけるように麺棒を押しあて、生地を密着させる。

44
半分に折る。

48
麺棒をおしあてたところは点線のとおり。

↓
たたみ終わりは端をきっちりとそろえること。

49
ビニールシートに包み、冷蔵庫で1時間やすませる。

50
三つ折り（**23**〜**35**）を1回し、さらに四つ折り（**36**〜**48**）を2回する。

51
冷蔵庫で1時間やすませる。

ミルフィーユ

パイ生地は薄い層がいくえにも重なった、軽やかな食感に焼き上げます。
表面はキャラメリゼして食感とほろ苦さをプラス。
バターが溶けないように気をつけて折り、美しい層をつくりましょう。

材料（5個分）
● パイ生地（P.160）

● クレーム・パティシエール
牛乳 … 225g
バニラビーンズ … 適量
卵黄 … 50g
グラニュー糖 … 50g
薄力粉 … 10g
コーンスターチ … 10g
バター … 30g
キルシュ … 5g

● 組み立て
イチゴ … 約7粒

下準備
・「パイ生地のつくり方」（P.160）を参考にして、生地を仕込む。
・オーブンは230℃に予熱する。
・クレーム・パティシエールをつくり（P.105〜106「シュークリーム」**27**〜**38**参照。ただし、シュークリーム用のように煮つめないので注意）、炊き上がりにバターを加え混ぜる。

1

パイ生地ののし

パイ生地を折り目が横になるように台に置き、打ち粉をふる。

2

麺棒を半回転させながら、ぐっと押しあててのばす。

3

麺棒を前後に転がしてのばす。次に左右にも転がしてのばし、裏返す。

4

生地を90度回転させ、**3**と同様に少しずつのばしていく。

↓  薄くなってきたら、麺棒をまんべんなくあてて、均一な厚さにのばしていく。

7
焼成❶【200℃/15分】
天板にオーブンシートを敷いて**6**をのせ、200℃で15分焼く。

↓  裏返すときには生地を麺棒に巻きつけて持ち上げ、裏返して台に広げる。

8
焼成❷【180℃/10〜15分】
生地にほどよい焼き色がついていたら天板ごと取り出す。生地の上にオーブンシートと別の天板を順にのせる。

5  厚さ3mmの長方形にのばし、ビニールシートではさんで冷蔵庫で1時間やすませる。

9  上にのせた天板を軽く押さえて生地をつぶす。
→強く押さえすぎない。

6  ビニールシートをはがし、長辺を3等分するように切り分ける。フォークで全体にまんべんなく穴を開ける。

10  上にのせた天板を裏返して重ねる。

↓ 2枚の天板を一緒に持ってひっくり返す。
➡ パイを崩さずにひっくり返すため、天板ごとひっくり返す。

11
上の天板をはずしてひっくり返し、オーブンシートの上から生地に重ねる。天板をのせたまま180℃のオーブンで10〜15分焼く。
➡ 天板を重しとしてのせて焼成することで、平らに焼き上がる。

12
焼成❸【230℃/5分】
生地の端を切り落とし、3枚を同じ大きさにする。切り落とした生地は組み立てのときに使うので、取っておく。

13
もっともきれいに焼けている1枚を選び、5等分にカットする(一番上にのせる生地になる)。

14
すべての生地の表面に茶漉しで粉糖をまんべんなくふる。

15
230℃のオーブンで5分焼き、表面をキャラメリゼする。5分たっても粉糖が溶け残っているなら、さらにオーブンに入れる。焦げやすいので、焼けたらすぐに取り出す。天板にのせたまま冷ます。
➡ 12でカットした生地は一番上にのせるので溶け残りがないようにする。その他の2枚は多少残っていてもよい。

16
クレーム・パティシエール
冷やしておいたクレーム・パティシエールにキルシュを加える。

17
16をゴムベラでほぐす。
➡ まず、ゴムベラでクレーム・パティシエールを手前に向かって切り崩すようにほぐし、次にボウルを横にして体重をゴムベラにのせてのばす。ほぐしはじめはぶつぶつと切れるが、しだいになめらかになり、ツヤが出てくる。ダマがあると口金に詰まるので、下写真のようになめらかになるまで、しっかりとほぐす。

↓

18
組み立て
クレーム・パティシエールを幅1.5cmの平口金をつけた絞り袋に入れる。カットしていないパイ生地1枚の粉糖をふって焼いた面に絞る。
➡ カットしていないパイ生地のうち、よりきれいな形のものを土台にすると、仕上がりが美しくなる。

19 イチゴを厚さ3mmにスライスし、**18**の上に並べる。
➡イチゴの厚みがふぞろいだと、上面が平らになりにくく、傾いてしまう。

20 クレーム・パティシエールを絞る。

21 カットしていないもう1枚のパイ生地をのせ、パレットナイフでしっかりと押さえる。クレーム・パティシエールがはみ出てもかまわない。

22 **18**〜**20**を繰り返し、カットしたパイ生地を1枚ずつのせる。

23 パレットナイフでしっかりと押さえる。

24 余ったクレーム・パティシエールは長辺の両側面に絞る。

25 **24**でぬったクレーム・パティシエールをパレットナイフでならす。

26 生地の焼成時に切り落としたパイ生地をボウルに入れ、カードで粗くくだく。

27 **26**をカードですくい、**25**で側面にぬり広げたクレーム・パティシエールに貼りつける。カードを使い、側面に貼りつけたパイ生地を密着させ、形をととのえる。クレーム・パティシエールが冷えるまで冷蔵庫に入れておく。

28 切るときは層がずれないよう、手前にまな板などをあて、包丁は縦に持つ。包丁をこきざみに上下に動かしながら少しずつ手前に引き切ると崩さずに切れる。

ピティビエ

ラム酒を加えたクレーム・ダマンドをパイ生地に包んで焼きます。
構成はシンプルながら、パイ生地を美しく折り、
クリームをしっかり乳化させられてこそ、おいしくできるお菓子です。

材料（直径16cm / 2台分）
● パイ生地（P.160）

● クレーム・ダマンド
バター… 60g
粉糖… 50g
アーモンドパウダー… 60g
全卵… 55g
薄力粉… 15g
ラム酒… 10g

● 仕上げ
溶き卵… 適量
シロップ*… 適量

＊グラニュー糖50gと水35gをあわせて沸かし、冷ましておく。

下準備
・「パイ生地のつくり方」（P.160）を参考にして生地をつくる。ただし、最後の四つ折りは1回のみ。冷蔵庫で冷やしておく。
・クレーム・ダマンドをつくり（P.060「タルト・フリュイ」**27〜29**参照）、薄力粉とラム酒を順に加えてよく混ぜる。
・オーブンは230℃に予熱し、天板も入れて一緒に温めておく。

成形

1

パイ生地を麺棒で厚さ3mm、幅18cm、長さ約36cmにのばす。生地の手前に直径16cmのセルクルをのせ、奥側の端から約18cmのところで切り分ける。
➡ 上にかぶせる生地（セルクルがのっていない方）が、より長くなるようにする。

2

点線で囲った部分の端を小さく折って目印とする。
➡ 後で2枚の生地を、のばした方向が異なるように重ねたいので、ここで印をつけておく。

3

直径16cmのセルクルと中心を同じにして直径10cmのセルクルを置く。それぞれ、生地に軽く押しあてて印をつける。

4

クレーム・ダマンドを口径10mmの口金をつけた絞り袋に入れ、**3**でつけた直径10cmの印の内側に円状に絞り出す。その上に1周分小さい円を描くようにして、もう1回、円状に絞り出す。
➡ 中央から絞りはじめる。

5
冷凍庫に15分ほど入れ、クレーム・ダマンドを冷やしかためる。さわっても指につかないかたさになったら取り出す。
→クレーム・ダマンドの上にもう1枚のパイ生地をかぶせるが、生地でクレーム・ダマンドがつぶれないよう、冷やしかためる。

6
ハケを使い、**3**で生地につけた直径16cmの印の内側とクレーム・ダマンドの上に、溶き卵を薄くぬる。
→生地を接着するためにぬる。厚くぬると生地がすべってしまうので注意。

7
もう1枚のパイ生地を、目印に折った端が同じところにくるようにしてかぶせる。
→生地をのばした方向が互いちがいになるように重ねる（点線は生地をのばした方向）。

8
上にのせた生地をクレーム・ダマンドのきわから指で押さえ、空気を抜きながら2枚の生地を密着させる。

↓
きれいな山なりの形になるよう、手でおさえてととのえる。

9
直径16cmのセルクルを軽く生地に押しあてて印をつける。冷凍庫に15分ほど入れて、生地を落ち着かせる。
→生地は凍ると割れるので、あまり長い時間冷凍庫に入れないようにする。

10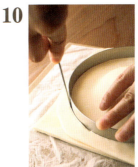
9でつけた印に直径16cmのセルクルをのせ、セルクルにそってペティナイフをまっすぐに生地に刺してカットする。
→型で抜くと生地がつぶれて美しく焼き上がらないので、ナイフでカットする。ナイフは垂直に構え、断面がまっすぐになるように切る。

11

レイエ
オーブンペーパーに**10**をのせる。溶き卵をぬり、冷蔵庫に入れる。

12

卵が乾いたら、冷蔵庫から出して再度溶き卵をぬる。中心に竹串で穴をあけ、印をつける。

13

回転台の上で生地の表面にナイフで模様を描く（レイエ）。まず、**12** でつけた印に刃先をあて、回転台を回しながら、クレーム・ダマンドの入った膨らみの上に曲線を描く。

➡ ペティナイフは刃を持ち、立てて構え、刃先で浅くひっかくようにして描く（上写真）。深さは生地の厚みの 1/3 くらい。クレーム・ダマンドの入った膨らみの半分の高さまできたら、ナイフを寝かせはじめ、ふちに達するときにはナイフが完全に寝た状態にする（下写真）。

↓

14

シクテ

生地のふちに模様をつける（シクテ）。まず、生地に人差し指をぎゅっと押しあててへこませ、その奥の生地の下にペティナイフを寝かせてさしこむ。

↓

ペティナイフの側面を生地にあてておこし、生地を立ち上げる。これを繰り返し、ふちに一周、ひだをつくる。

↓

生地が立ち上がり、ひだ状になる（反対側から見たところ）。

15

ペティナイフの刃先でレイエとシクテの間に切り込みを入れる。

➡ 生地に火が入りやすくなり、きれいに焼き上がる。

16

パイ生地全体に等間隔で穴を開ける。

17

焼成❶【200℃／20分】
焼成❷【180℃／20分】

オーブンの中の天板に **16** をのせ、オーブンを200℃にして20分焼く。180℃にしてさらに20分焼く。取り出したら、すぐにハケでシロップを塗る。

➡ 天板も温めておくと、火の入りにくい底の生地もほどよく焼ける。

18

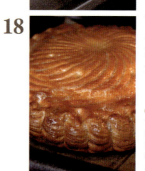

焼成❸【230℃／3分】

230℃のオーブンに入れ、3分焼く。表面のシロップが沸いてカラメル色になったらすぐに取り出す。

➡ シロップをぬって高温で焼くことで表面がパリッとし、ツヤも出る。焦げやすいので、オーブンに入れたら目を離さず、必要に応じて天板の前後を返すなどして、まんべんなく焼き色をつける。

column 3

ビニールシートの つくり方

パイ生地をはじめ、シュクレ生地やブリゼ生地などを冷蔵庫でやすませる際、ビニールシートに包んで乾燥を防ぎます。この本では食品用のビニール袋を切り開いてシート状にして使っています。ビニール袋は厚手のものを選んでください。

1 食品用の厚手のビニール袋を用意し、ビニール袋の底の角を切る。
2 ビニール袋の底を切り取る。
3 1で切ったところからハサミを入れ、脇を切って1枚のシート状にする。

column 4

湯煎について

湯煎とは、ボウルに材料を入れ、それよりもひとまわり大きいボウルや鍋に熱湯をはって浮かべ、温めながら作業することをいいます。お菓子づくりでもよく使う方法です。火にかける場合とかけない場合がありますが、本書では「湯煎にかける」とだけ書いてある場合は、火にかけません。火にかける場合は「火にかけて湯煎する」と記しています。火にかけずに湯煎するのは材料を温めたいときで、火にかけるときは材料に火を入れたいときです。また、下のボウルもしくは鍋の中にセルクルを入れ、材料を入れたボウルをセルクルにはめると、上のボウルが安定し、作業がしやすいです。手持ちのボウルにちょうどよい直径や高さのセルクルを探して使ってみてください。

キャラメルパイクッキー

パイの余り生地でつくります。層が崩れないよう、
練らずに、生地を重ねて薄くのばします。必ずしっかりやすませてから焼成しましょう。
キャラメリゼした表面がパリッとしておいしいです。

材料（つくりやすい分量）
パイ生地の余り … 適量
グラニュー糖 … 適量

1

成形
パイ生地の余りを同じ厚みになるように重ね、手でぐっと押して生地を密着させる。
➡ここではピティビエの余り生地を使用している。

2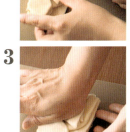

半分に切り分ける。

3

1〜2をさらに数回繰り返す。
➡生地がちぢみやすくなるのでこねないこと。

4

麺棒を全体に押しあててのばす。

5

麺棒を転がして薄くのばす。
➡打ち粉を薄くふり、上下左右を返しながらまんべんなくのばす。

6

生地を麺棒に巻きつけて持ち上げ、ビニールシートの上に移す。生地を広げ、ビニールシートをもう1枚のせて生地をはさみ、冷蔵庫に1時間以上おく。
➡このまま冷凍保存可。

7

ルーラーで端を切り落とし、同じ大きさに切り分ける。フォークでまんべんなく穴をあけ（ピケ）、冷蔵庫でかたくなるまで冷やす。
➡ルーラーがなければ包丁で。生地は持ち上げるとのびるくらいやわらかくなってしまったら、そのつど冷やす。生地がのびると、焼成中にちぢみ、形が悪くなる。

8

焼成【200℃／13〜15分】
グラニュー糖を入れたバットに7を入れ、両面にグラニュー糖をまぶしつける。

9

天板に間隔をあけて並べ、200℃のオーブンで13〜15分焼く。

10

オーブンから取り出したら、すぐにパレットナイフで生地を天板からはがし、網の上で冷ます。
➡天板が熱いうちに移さないとカラメルが冷えて天板にくっついてしまう。冷ますときは、離して置かないとパイどうしがくっついてしまうので注意する。

材料を知る

卵

卵にはさまざまな特性があり、それらの特性なしにはつくれないお菓子がたくさんあります。卵の特性を知ることは、卵が個々のお菓子にどんな目的で使われているかを知ること。おいしくつくるためにはどのように作業したらよいかを考える助けとなります。

● 卵黄と卵白に共通する特性
熱凝固性… 熱を加えると凝固する。

● 卵の重量と成分について
この本のレシピではL玉を使います。L玉1個あたりの重量は約60g。卵白と卵黄の成分は右図の通りです。

● 卵白の特性
起泡性… 空気を抱き込んで泡立つ。
空気変性… 空気にふれることでタンパク質の性質が変化し、あるていどの時間、泡を保つようになる。

● 卵黄の特性
乳化作用… 卵黄に含まれる脂質(レシチン)が、卵の水分とバターや植物油などの油脂とを結びつけて乳化させる。

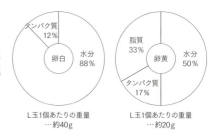

L玉1個あたりの重量…約40g ／ L玉1個あたりの重量…約20g

● 卵の凝固温度

	50℃	60℃	70℃	80℃	90℃	100℃
卵白 固まりはじめる温度は低く、固まりきる温度は高め(ゆっくり固まっていく)	55℃→57℃ ゆるいゼリー状になりはじめる／固まりはじめる	65℃ 白いゼリー状	75℃ しっかりかたくなる			
卵黄 固まりはじめると、あっという間に固まる		65℃ 固まりはじめる	75℃ しっかりかたくなる			
全卵 固まりはじめる温度も固まりきる温度も、卵白と卵黄の間くらい	60℃ とろみがつきはじめる	73℃ 固まりはじめる*				
プリン液 牛乳、砂糖などが入るため、全卵よりも凝固温度は高い			78℃ とろみがつきはじめる	80℃ 固まりはじめる*	100℃ "す"が入りやすくなる	

*全卵の凝固温度は卵黄と卵白の比率によって、プリン液の凝固温度は卵黄と卵白の比率、牛乳や砂糖の割合によってことなる

砂糖

お菓子づくりによく使われるのは純度の高いグラニュー糖。粒の大きさのちがう粗糖と微糖があり、この本ではより粒の小さい微糖を使っています。粉糖はグラニュー糖を粉状にしたもの。上白糖は純度の高い砂糖を細かく粉砕し、かたまらないよう、転化糖をまぶしたものです。転化糖の作用でしっとりとしており、焼き色がつきやすいのが特徴。きび砂糖、黒糖、洗双糖、カソナードはサトウキビの、ベルジョワーズはビーツの搾り汁からつくられます。黒糖は搾り汁をそのまま煮詰めたもので、強い風味が特徴です。きび砂糖、洗双糖、カソナードは搾り汁から結晶を取り出したもので、黒糖にくらべるとおだやかな風味。ベルジョワーズはビーツの糖蜜(搾り汁から精製糖を取り出した残り)から作るため、独特の強い味わいがあります。

(右列上から)きび砂糖、黒糖、洗双糖、上白糖、粉糖(左列上から)ベルジョワーズ、カソナード、グラニュー糖・粗糖、グラニュー糖・微糖

バター

バターもまた、多くのお菓子づくりに欠かせない素材です。バターの特性を知り、よりおいしいお菓子づくりに役立てましょう。

● バターの種類
バターには有塩と無塩がありますが、お菓子づくりには無塩を使います。そのほかにバターを乳酸発酵させた発酵バターがあり、こちらも有塩と無塩があります。バターの風味を特に生かしたいときに発酵バターを使うとよいです。

● バターの製造方法
牛乳の乳脂肪を遠心分離によって濃縮したのが生クリーム。生クリームを振動させて固形分と液体に分離し、取り出した固形分がバターです。液体は脱脂乳(バターミルク)です。

● バターの3大特性
可塑性…粘土のように自由に形を変えられる性質。バターは13〜18℃のときにこの性質を持つ。パイ生地に折り込んだバターが薄くのびることでパイの層ができあがるのは、この性質のおかげ。

ショートニング性…グルテンの形成を阻止する性質。可塑性のある13〜18℃のときに、もっとも発揮される。クッキーやブリゼ生地などのサクサクとした食感を生む。

クリーミング性…細かい気泡をたっぷりと含むことができる性質。やわらかいバターを泡立て器で混ぜるとふんわりとしたクリーム状になるのは、このため。パウンドケーキ、クッキー、バタークリームなどに軽い食感を生み出す作用がある。

● 温度による状態の変化

バターの状態	温度	状態	可塑性	クリーミング性	使われるもの
カチカチ	10℃以下	固体	×	×	ブリゼ生地
指で押すとへこむ	13〜18℃	固体	◎	○	パイ生地、クッキー
ゴムベラがすっと入る	18〜24℃	固体	○	◎	パウンドケーキ
溶かしバター(ブール・フォンデュ) 澄ましバター(ブール・クラリフィエ)	25℃以上	液体	×	×	マドレーヌ
焦がしバター(ブール・ノワゼット)	25℃以上	液体	×	×	フィナンシェ

小麦粉

全粒粉は小麦をまるごと挽いて粉にしたもの。薄力粉、中力粉、強力粉は外皮、胚芽を取り除き、胚乳のみを粉にしたもので、たんぱく質の含有量によって分類されています。お菓子づくりにはもっともたんぱく質量の少ない薄力粉を主に使います。
(上から) 全粒粉、強力粉、中力粉、薄力粉

● 小麦タンパクからグルテンがつくられる
小麦粉に含まれているタンパク質はグルテニンとグリアジンの2種類で、これらは水と力を加えるとグルテンという物質に変わります。グルテンは網目状につながり、生地の骨格をつくります。力を加えるほどにグルテンの網目は密になり、粘りや弾力が強くなります。小麦粉の入った生地は混ぜすぎると粘りが出て、ちぢみやすくなります。また、配合にもよりますが、かたくなったり歯切れが悪くなったりし、軽やかな食感がでなくなります。かといって混ぜが足りなければ、膨らんだり、形を保ったりするのに必要なグルテンが充分に形成されず、生地がもろくなり、焼成後にしぼむ原因になります。粉を加えたら、混ぜるごとにグルテンが形成されていくことを意識し、もう少し混ぜたほうがよいのか、これ以上混ぜないほうがよいのかを見きわめましょう。

● でんぷんの糊化とは
でんぷんに水分と熱を加えると、粘りがでて、やわらかく消化のよい状態になります。これをでんぷんの糊化といいます。小麦粉でんぷんが完全に糊化する温度は87.3℃とかなり高め。きちんと糊化させるためには、生地の温度が上がるまでしっかり加熱する必要があります。
完全に糊化した後もさらに加熱しつづけると、95℃以上でブレークダウンという現象がおき、今度は粘りがやや弱くなり、なめらかさが出てきます。シュー生地やクレーム・パティシエールづくりで、小麦粉を加えてから加熱するとき、混ぜている手がふっと軽くなるのは、このブレークダウンがおきたタイミングです。

177

凝固剤

凝固剤には植物性と動物性があり、アガーと寒天は植物性、ゼラチンは動物性です。植物性凝固剤は室温でかたまりますが、動物性凝固剤は冷蔵庫などで冷やさないとかたまりません。アガーは海藻から抽出したカラギーナンとキャロブ豆から抽出したローカストビーンガムからつくられ、砂糖とよく混ぜてから使います。寒天はテングサやオゴノリなどの海藻からつくられ、粉末状、糸状、棒状のものがあります。ゼラチンの原料は牛や豚のコラーゲンで、板状と粉末状があり、水でもどしてから使います。凝固剤は種類によって食感がことなり、アガーはやわらかくてなめらか、寒天は歯切れがよく、ゼラチンはぷるんとして口どけがよいのが特徴です。
（右列上から）アガー、粉寒天
（左列上から）板ゼラチン、粉ゼラチン

チョコレート

チョコレートはカカオ豆からつくられます。カカオ豆はまず発酵させてからローストし、粉砕します。これがカカオニブで、カカオニブをペースト状にしたものがカカオマスです。カカオマスからカカオバターという油脂分を分離し、残りの成分を粉末状にするとココアパウダーになります。ダークチョコレートはカカオマスにカカオバターと糖分を加えてつくります。そこに乳成分を加えたものがミルクチョコレートです。ホワイトチョコレートはカカオバター、乳成分、糖分のみでつくります。
（右列上から）ダークチョコレート、ミルクチョコレート、ホワイトチョコレート
（左列上から）ココアパウダー、カカオニブ、カカオマス、カカオバター

乳製品

さまざまなお菓子に使われる乳製品。ここでは本書で使うものを取り上げました。おなじみのヨーグルトは牛乳を乳酸菌発酵させたもの。サワークリームは生クリームを同じく乳酸菌発酵させたものです。クリームチーズは生クリームと牛乳を乳酸菌発酵させ、乳清（ホエイ）を取りのぞいてつくる非加熱の軟質チーズです。グリュイエールチーズはベイクド・チーズケーキ（P.116）に使用。スイス原産のハード・チーズです。チーズの風味を強めるためにたっぷりと使っています。
（右列上から）ヨーグルト、サワークリーム、牛乳、生クリーム
（左列上から）グリュイエールチーズ、クリームチーズ

ナッツ

お菓子づくりにもっともよく使うナッツといえばアーモンド。丸のままのものはホール、皮をむいて薄切りにしたものはアーモンドスライス、皮をむいて細かくくだいたものはアーモンドダイスと呼びます。粉末状に挽いたものがアーモンドパウダー。アーモンドプードルともいいます。皮をむいてから挽いたものと皮つきのまま挽いたものがあり、皮つきのものはより強い風味が特徴です。本書では皮なしを使っています。ナッツ類は生のものを購入し、使う前にローストします。
（右列上から）アーモンド（ホール）、アーモンドスライス、アーモンドダイス、アーモンドパウダー（皮なし）、アーモンドパウダー（皮つき）、アーモンドダイス、アーモンドパウダー（皮なし）、アーモンドパウダー（皮つき）
（左列上から）ピーカンナッツ、ピスタチオ、クルミ、マカダミアナッツ

道具を知る

泡立て器、ゴムベラ、木ベラ

泡立て器はボウルにあった大きさのものを用意します。ゴムベラは柄とヘラが一体になったシリコン製のものが洗いやすくて衛生的です。1本持つならば耐熱性のものを選びましょう。かたいものをほぐすときのために、木ベラもあると便利です。

ボウル

この本で主に使っているのは直径22cmのものです。これより小さいものもあわせていくつか持っておくとよいでしょう。湯煎にはステンレス製を使います。プラスティックか耐熱ガラスのものがあると、バターを電子レンジにかけて溶かすときなどに使えてよいです。

定規、包丁

30cm定規はあると便利。包丁は左から波刃包丁、牛刀、ペティナイフです。波刃包丁はケーキやパイなどを切り分けるときに使います。牛刀はナッツなどのかたいものをきざむのによいです。ペティナイフは細かい作業をするときなどに重宝します。

シルパット、シルパン

洗って繰り返し使えるベーキング用マット。火のあたりをやわらかくしてくれます。シルパット（左）はシリコン製で表面が平ら。シルパン（右）はグラスファイバー製。表面は網目状になっており、網目から水分や油分がほどよく抜け、サクサクに焼き上がります。

型

一番奥はジェノワーズ缶。ショートケーキなどに使います。リング状のものはセルクルといい、さまざまな直径や高さのものがあります。タルト型は底がはずせるものを選びましょう。手前の右2つはパウンド型。左の底のない四角い型はカードルといいます。

麺棒、バール

麺棒は重みがある方が使いやすいです。パイ生地やタルト生地をのばすことを考えると長さ30cmくらいはあったほうがよいでしょう。バールは金属でできた平らな棒。さまざまな厚みのものがあります。2本一組で、生地の両脇に置き、バールの上に麺棒をのせて転がし、生地を一定の厚みにのばします。

オーブンシート、ロール紙、グラシン紙、オーブンペーパー（上から）

オーブンシートは表面がコーティングされており、洗って繰り返し使えます。ロール紙はロールケーキ生地などに使う大判の紙で、耐油性はありません。グラシン紙は耐熱性のないつるつるの紙で、コルネをつくるときなどに使います。オーブンペーパーは耐水・耐油性があり、焼成に使います。

はかり

0.1gまではかれる電子はかりを使います。計量はくれぐれも正確に。

ハケ

左はシリコン製、右は山羊毛のものです。生菓子には衛生的なシリコン製を、焼き菓子にはぬりやすい山羊毛のものを、と使い分けています。

茶漉し

仕上げに粉糖やココアパウダーをふるときには欠かせません。目の細かいものを用意しましょう。

新田あゆ子

1979年生まれ。短大卒業後、都内洋菓子店・製菓学校・菓子教室勤務を経て、2006年東麻布に菓子教室「菓子工房ルスルス」をオープン。2007年に教室で教えるお菓子を販売しはじめたところ、そのおいしさが評判となり、製造がおいつかないほどに。2012年には喫茶スペース併設の浅草店をオープンし、教室はこちらに移転。2014年には松屋銀座店が開店。教室はくわしく、ていねいな教え方で、「お菓子づくりがはじめての人でもおいしくつくれるようになる」と評判。新規募集枠はすぐに埋まる。著書に『菓子工房ルスルスからあなたに。作り続けたいクッキーの本 ていねいに作る48レシピ』(マイナビ)など。

菓子工房ルスルス
http://www.rusurusu.com/

浅草店
東京都台東区浅草3-31-7

東麻布店
東京都港区東麻布1-28-2

銀座松屋店
東京都中央区銀座3-6-1

菓子工房ルスルスが教える
くわしくて ていねいな お菓子の本

初版印刷　2018年4月20日
初版発行　2018年5月1日

著　者　©新田あゆ子
発行者　丸山兼一
発行所　株式会社 柴田書店
　　　　東京都文京区湯島3-26-9　イヤサカビル　〒113-8477
　　　　電話　営業部　03-5816-8282（注文・問合せ）
　　　　　　　書籍編集部　03-5816-8260
　　　　URL　http://www.shibatashoten.co.jp/

印刷・製本　シナノ書籍印刷株式会社

本書掲載内容の無断掲載・複写（コピー）・引用・データ配信等の行為は固く禁じます。
乱丁・落丁本はお取替えいたします。

ISBN 978-4-388-06284-3
Printed in Japan
©Ayuko Nitta 2018